AF177584

Jasper Hoffmann

Ein Soziopath
mit Tücke

~MindWave~

© 2020 Jasper Hoffmann

Verlag & Druck: tredition GmbH, Halenreie 40-44, 22359 Hamburg

Korrektorat: Angelika Fleckenstein; Spotsrock

ISBN

Paperback   978-3-347-07046-2

Ich esse gemeinsam mit Freunden, öffentlich.
Jemand kommt vorbei und wünscht uns einen guten Appetit.

Ist das sein Ernst?
Warum tut er das?

Etwa, weil er aufmerksam war und aus eigener Intuition zu dem Schluss kam, wir könnten unser Essen bestimmt besser genießen, sobald er es uns gönnt?

Sicherlich nicht.

Viel eher fand er sich in einer Situation wieder, für die man ihm beigebracht hatte, es sei angebracht zu sagen, was er sagte. Wäre dies sein Gedankengang gewesen, hätte er doch zu dem Schluss kommen müssen, dass – wenn uns das Essen wirklich schmecken würde – wir mindestens zwei Drittel unserer Zeit mit Kauen verbringen würden und uns seine Aussage, unter Berücksichtigung gesellschaftlicher Gepflogenheiten, in die Bredouille bringen würde. Denn wir würden nun gezwungen sein, ihm eine möglichst aufrichtige, dankende Reaktion zurück zu liefern. Natürlich ohne ihm unsittlich unseren Mundinhalt zu offenbaren.

Klingt umständlich? Ist es auch.

Bei mir läuft es hier meist auf ein offensichtlich nicht sehr ernstzunehmendes Lächeln mit einem einfachen Nicken hinaus. Immer diese nervigen, unbedacht eingesetzten Floskeln.

Wusstet ihr, dass Floskel im Englischen „useless phrase" bedeutet? Wenn das mal nicht präzise ist. Wobei, die Phrasen sind nicht vollkommen nutzlos. Sie ermöglichen einen Austausch, den man im Allgemeinen als sozial bezeichnen würde. Doch was ist der Sinn hinter sozialem Verhalten?

Klar, Sicherheit.

Sicherheit, die wir in unserer gefährlichen Welt auch dringend nötig haben. Das kommunizieren über Satzbausteine wie „Guten Tag", „Guten Appetit" und „alles gut?" nimmt uns förmlich an die Hand und führt uns durch den Kreis der Menschen, mit denen wir tatsächlich nichts Relevantes gemein haben, während es uns mittels einer warmen Hand auf unserer Schulter suggeriert, wir seien an einem der besten noch zu ergatternden Orte unserer schmutzigen Welt. Eine der letzten Oasen, die die natürliche Vielzahl der Menschen auf diesem Planeten übriggelassen hat.

Welch' ein Glück!

Da lohnt es sich natürlich, mindestens einen Großteil unseres Lebens in das System zu investieren, welches uns betreut.

Meint ihr nicht?

Dabei gehört ihr doch zu unserer Wohlstandsgesellschaft und lechzt nach Sicherheit. Jene, die uns stets in Reklamen angepriesen und durch Berichte über zerrüttende Geschehnisse als beste Möglichkeit verkauft wird.

Wer besonders ambitioniert ist, versucht so weit wie möglich in die Zukunft zu planen und so wenig Zeit wie möglich zu verlieren. Denn was, wenn die Rente kommt und noch kein Haus bereitsteht, um die aus der Arbeitswelt hervorgehende Leiche zu beherbergen?

Beim Versuch, Idealen zu entsprechen, verlieren wir jedoch eine wichtige, wenn nicht die wichtigste, Komponente des Lebens aus den Augen: das Hier und Jetzt.

Diese Einsicht in Verbindung mit Faktoren die ich noch erläutern werde, haben mir schon früh eine Art Allergie gegen soziales Verhalten beschert.

Auch wenn ich diese mittlerweile zu verbergen weiß, fühle ich mich nach wie vor am wohlsten, wenn ich allein bin oder umgeben von Menschen, welche allgemein als asozial gelten würden.

Um meine, wie ich finde, allzu logische und wahrhaftig menschliche Sichtweise zu veranschaulichen, werde ich versuchen, euren Kinosessel mit Popcorn auf der Schnittstelle zwischen Sehnerv und meiner Person zu positionieren. Dem Ort, an dem Realität entsteht.
Um der teils wilden, teils anspruchslosen Fahrt folgen zu können und euch ein literarisches Realitätserlebnis mit Surround-Gedanken zu ermöglichen, nehmt vor dem Weiterlesen bitte eure gewohnte Meditationsposition ein und entleert euer Glas.

Nur ein Scherz.
Ich weiß, ihr sitzt nicht gerne im Schneidersitz.
Lauft doch bitte einfach so oft vor die nächste Wand, bis sich euer überladener Kopf möglichst frei von Schlick und Schlacke anfühlt und dosiert die Seiten dieses Buches der Kapazität eurer ungeteilten Aufmerksamkeit entsprechend.

Viel Glück ..

Ich denke. Ich merke, dass meine verträumten Gedanken bewusster werden. Ich spüre die Sonne auf meinen geschlossenen Augenlidern, welche ich, um nicht geblendet zu werden, noch geschlossen lasse, und betrachte mich von außen. Ich liege in meinem Bett, welches sich aus drei Matratzen auf vier Europaletten zusammensetzt, und beginne zu lächeln.

Vor meinem geistigen Auge sehe ich die feinen Staubpartikel über mir durch die Luft schwirren, welche ich bei dem sich anbahnendem, tiefen Atemzug zwangsläufig mit einatmen werde. Doch so angestrahlt und glitzernd in der Sonne erscheinen sie mir recht freundlich und vertraut. Ja, ich möchte sie sogar in mich aufnehmen.

Welchen Effekt mein geneigtes Dachfenster wohl auf das Licht hat? Ich sehe die Sonnenstrahlen auf ihrem unermesslichen Weg von unserem Stern auf genau diesen Ort und Moment zufliegen. Wie sie sich in winzige Photonen zerlegen und wieder zu einem Strahl verbinden, um sich an der geneigten Scheibe über mir in Wellen aufzulösen, mit den Partikeln in der Luft zu kollidieren und dann doch als Teilchen ihren Weg durch meine Augenlider auf meine Netzhaut zu finden. Hier entfachen sie mit ihrer Energie ein gemütliches Feuer, welches sich aus nun rot gefärbtem Licht, Wärme und einem daraus resultierenden, wohligen Gefühl zusammensetzt. Ich spüre mein rotes Bettlaken Wärme an mich abgeben. Sie ist intensiv. Die Sonne muss schon eine ganze Weile ihr Werk verrichtet haben. Wie angenehm so ein Morgen sein kann.

Ich habe doch keinen Wecker verschlafen?

Ich erinnere mich an den vorangegangenen Abend, ein Freitagabend. Puh, nochmal Glück gehabt.

Beim morgendlichen Strecken drehe ich mich auf den Bauch und überlege, ob ich noch ein wenig liegenbleibe und weiterschlafe. Was für ein Schwachsinn, morgen ist schon wieder Sonntag. Ich muss mich mental auf morgen vorbereiten. Den Tag, an dem ich mich mental auf die Arbeit vorbereiten muss.

Also, wie gehe ich es am besten an?

Was möchte ich vom heutigen Tag?

Vielleicht in den Genuss weiterer Wunder kommen, unterstrichen von psychoaktiven Chemikalien, um mich für den mehr als wahrscheinlichen, tristen Alltag nächste Woche mit positiver Gewissheit und Empfindungen zu wappnen?

Oder etwas Produktives tun? Etwas anfangen, das mir Bewunderung bescheren vermag und einen weitreichend positiven Effekt auf mein Umfeld haben wird?

Etwas Sexuelles? Nun ja, am besten starte ich erst mal mit einer aromatischen Tasse Kaffee.

Mein Freund Calvin hatte mir auf meinen Genuss seines Butterkaffee hin empfohlen, meine Kaffeebohnen wie er zu mörsern. Denn alles hatte auf den tatsächlichen Geschmack des Kaffees Einfluss; der Prozess, den wir mit dem Kaffee durchlaufen, womöglich mehr als die Bohne selbst.

Immerhin hatte Calvin den von ihm containerten Billigkaffee während unseres vorangegangenen Gesprächs in seinem Steinmörser zermahlen, in einer Büchse über dem Feuer gekocht und nachdem er mir eine Tasse mit Wasser und seinen Fingern ausgewaschen hatte, durch ein Sieb eingegossen. Daraufhin etwas ungekühlte Butter, statt Milch, mit einem Dremel eingerührt. Und ich kann beschwören, das war der beste Kaffee, den ich je getrunken habe.

Auf dem Weg die vierzehn mit Teppich bestückten Stufen in mein Wohnzimmer hinunter, verurteile ich mich kurz dafür, mir noch immer keinen Mörser zugelegt zu haben. Doch dann rechtfertige ich diesen Mangel vor mir selbst mit meinem tugendhaften Effizienzdrang.

Also doch etwas potentiell Produktives!

Ich versuche, meinen Gedankengang mit Worten auszukleiden, während ich meine Kaffeemaschine auf ihr Tun vorbereite, und beginne, eine Melodie zu summen.

I said, don´t u wonder

don´t u want just some more

retarded laws yah

ouh hiding the core

said, don´t u wonder

don´t u want just some more

life is gorgeous

n even much more

...

Ich entscheide mich, ein wenig später in den Park aufzubrechen und dort einige meiner Freunde zu treffen, die Punks.

Meist nicht ganz bei der Sache und oftmals mit eigenen Problemen beschäftigt, und doch ist ihr Umfeld die wahre Stadtoase für mich.

Hier kann ich sein wie ich will, Themen besprechen, die mich interessieren und vor allem immer jemanden finden, der bereit ist mit mir irgendeinen Blödsinn anzustellen, um der Realität mal wieder ein Schnippchen zu schlagen.

Nennen wir es Forschungsreise.

Becher, den ältesten der Gruppe und Straßenpunk, hatte ich schon oft vor der Galerie sitzen sehen, mit verschiedensten Leuten. Doch bin ich ihnen, in Begleitung meiner Verlobten, welche neben mir wohl wie ein goldener Engel wirken musste, nie aufgefallen.

Dann, am Tag an dem wir uns trennten, ging ich in der Stadt einen Kaffee trinken. Auf dem Rückweg latschte ich wieder bei ihnen vorbei, und Becher rief: „Ey! Wat machst'n du mit 'nem Iro allein in Trier?" Ich antwortete, dass ich mich gerade getrennt habe und überlege, was ich als Nächstes mache.

Ich fragte: „Hey, kennst du wen, der gut Gitarre spielt und Bock hat, Musik zu machen?"

Er antwortete: „Komm, setz dich zu uns, bald haben wir genug zusammen, dann nehm ich dich mit."

Wir tranken ein lauwarmes Dosenbier, bis seine Becher, beschriftet mit Gras, Koks, Rente und Puff, das nötige Kleingeld beherbergten und brachen auf.

Nachdem er mich ein wenig ausgefragt hatte, meinte er, dass er mich nun allen vorstellen könne, und wir betraten die Punk-WG. Drinnen waren die meisten mit irgendetwas zugange, und es dauerte etwa 10 Minuten, bis alle verstanden hatten, dass ich nicht nur Gras kaufen wollte. Sie begannen, mich in Gespräche zu verwickeln.

Smiley, der jüngste im Raum, welcher aber unter anderem schon einige Zeit in Köln auf der Straße und in besetzten Häusern zugebracht hatte, sagte bisher nichts. Ich fand Paddy im Nebenraum, und er begann sofort die Musik im Wohnzimmer durch ein paar E-Gitarren-Riffs zu ersetzen.

Geil, ein Kandidat!

Als ich am Ende des Abends gehen wollte fehlte, mir mein Handy. Ich suchte überall, konnte es aber nicht finden, bis Smiley sagte: „Ich hab das, das ist jetzt meins!"

Ich versuchte es, erst als Scherz abzutun, doch er drehte schon wieder gemütlich den nächsten Joint.

Ich sagte: „Mann, gib mir mein Handy, ich brauch das!" Daraufhin sprang Smiley auf, stand nun direkt vor mir und sagte: „Und was, wenn nicht?"

Die Situation war nun definitiv unentspannt geworden. Ein Außenstehender meinte: „Ey, kommt mal klar, hört auf damit!"

Wir standen uns noch einen Moment angespannt gegenüber, entspannten uns fast gleichzeitig etwas und lachten.

Ich wurde kategorisiert. Ich war lebendig.

Endlich eine selbstbestimmte, sinnvolle Handlung.

Immerhin war mein kurzer Iro zu der Zeit noch das radikalste an meinem Äußeren. Ich kam schließlich grad aus einer zukunftsorientierten Beziehung. Naheliegend, mich zu testen und auszufragen. Nun schien festzustehen, ich bin weder Bulle, noch ein lascher Schnorrer, ich will was machen!

Heute ist Smiley Vater und wir gute Freunde. Und das Handy, welches er mir wiedergegeben hatte, schenkte ich ihm etwas später.

Im Park angekommen, auf dem Weg zu dem Platz, an dem wir meist lagen, beginnt meine Gelassenheit über ein komfortables Maß hinauszuwachsen.

Mittlerweile sehe ich nicht mehr so leger aus wie am Tag, als ich die Gruppe betrat.

Die Seiten meines Schädels sind glattrasiert und mein Iro länger. Heute, wie an vielen heißen Tagen, trage ich nichts, bis auf meine Lieblingsshorts und meinen Rucksack, weswegen auch das umgedrehte Fragezeichen auf Höhe meiner Brust gut sichtbar ist, und die silbernen Kugeln auf meinen Snakebites funkeln in der Sonne. Das Tattoo, welches mir auf einem starken Pilz-Trip erschienen war, und die Piercings, die, wie ich finde, einen perfekten, gespiegelten Gegenpol zu meinen Augen liefern, wirken in meinen Augen schon deutlich psychedelisch, wenn nicht hypnotisierend.

Kein Wunder, dass mir Smiley einmal auf einer Demo zurief, dass ich mit der ovalen Sonnenbrille nun auch auf 200 Meter wie ein Acid Punk aussehe.

Ich dachte mir nur, was für eine wundervolle Darstellung. Somit sei auf den ersten Blick zu sehen, dass ich womöglich weitreichende, bizarre Teile der Realität sogar kartografiert hatte, also möglicherweise nicht dem Tanz der Synapsen unterlegen war, und mir scheinbar noch ein konkretes Bild von der tatsächlichen Welt zu machen versuchte.

Keineswegs sah ich brutal aus, aber doch mit genug Abstraktion bestückt, dass man meinen Willen zum Wahnsinn erkennen und entweder als Aufstandsbereitschaft oder Unberechenbarkeit deuten musste.

Schon früher hatte ich den Leuten, wenn sie nach dem Grund für meine Frisur fragten, versucht ehrlich zu antworten und gesagt, sie sei natürlich einerseits ein Rebellionsmarker, jedoch andererseits eine psychologische Komponente, die mir dank der mangelnden Einschätzbarkeit den Weg freiräumt und zusätzlich mein Umfeld ohne aktiven Aufwand meinerseits selektiert.

Die, deren Interesse ich wecke, waren entweder schon mit einer vergleichbaren Ideologie infiziert oder offen dafür, von mir angesteckt zu werden. Der Rest nimmt aus Gründen der Gemütlichkeit selbstständig Abstand.

Zwischen Menschen
die sich selbst fett mästen
und in Karren umher schieben
Will ich auch Dreck fressen
und im sterblichen Meer liegen
doch im Herzen liegt mehr Liebe

Drum will ich nicht mehr Vater werden
ich will nicht mehr früh sterben
will nicht mehr viel erben
ich will nur noch weg

Das Leben lernen
das Lernen leben
mir selbst und der Welt
die Chance geben
sich zu bewegen

Nicht mehr zählen

nicht mehr ausrichten

nicht gehorchen, sondern aufhorchen

und meine Kurzsichtigkeit

durch Weitsicht ersetzen

Die Dinge sein lassen

Die Zeit fühlen

statt sie zu bemessen

Während ich durch meine Augen sehe

die Augen schließen

Nichts wollen

und zu genießen

Ein flackerndes Feuer

zwischen all den Bäumen

Doch zuerst die Fersen aneinander

und die Fliege gemacht

Und ihr könnt mir dabei helfen

haltet mich nicht fest

Denn so grotesk auch diese Welt

bin ich scheinbar ein Mensch

Der leider nicht immer

wie sein Geist denkt

Doch bleib ich das Feuer

wird alles gut

Sammle in meinem Herzen die Glut

die irgendwann

zu Asche wird

Das reinst' physikalisch Machbare

Ein beharrliches Feuer

tief im Wald

Ich höre ein Heulen, wie von einem Wolf.

Juhu, sie ist da. Mogli, das Hippie Mädchen. Welches ihren Namen ihrem verfilzten Schopf, mir und dem ständigen Klettern in Bäumen verdankt. Ich glaube sogar, sie kann sich dort besser und schneller fortbewegen als auf der flachen Erde. Jedenfalls habe ich sie auf einem Baum kennengelernt und auf dem größten im Park immer wieder getroffen.

Einmal erwischte ich sie auf dem Boden, mit ihrem Flowerstick in der Hand, woraufhin sie mir gleich mitteilte: „Ich geh klettern", sich während des Loslaufens umdrehte und den Stock beim Abspringen in Richtung Baum auf die Wiese warf. Ich überlegte kurz, denn eigentlich war ich recht ruhig und hatte nicht geplant, plötzlich in rege Aktion zu treten. Doch es dauerte nicht lange, bis ich begriff, dies sei eine gute Gelegenheit, etwas zu tun.

Und das war es doch, was ich wollte. Etwas tun.

Dem Tod, der sich im Stillstand verbarg, entkommen. Dem Universum die Chance geben, mich und sich mit mir zu bewegen.

Ich rannte los. Normalerweise machte mir das Erklimmen des ersten Astes immer Probleme. Aber heute nicht, das wusste ich, das konnte er nicht.

Ich sprintete barfuß auf ihn zu, setzte die zwei Schritte die es brauchte an die grobe Rinde seines Stammes und umarmte ihn, als wenn ich das immer so täte. Ich holte einmal mit meinem Unterkörper Schwung und gelangte auf meinen fordernden Freund.

Geschafft, ich schaute nach oben und entdeckte Moglis freudiges Grinsen, woraufhin sie hastig weiter aufstieg. Ich eilte hinterher, so schnell ich konnte, schneller als je zuvor. Mit der Gewissheit in den Knochen, dass meine Muskeln stark genug und mein Verstand schnell genug wären, mich im Falle eines unverhofften Absturzes noch irgendwie an einem der unteren Äste festklammern zu können.

Ich war im Rausch.

Ich holte Mogli ein und bemerkte, dass wir zusammen mit den Ästen im Wind wogten. Hier wurde der Blick nicht mehr von den großen Auswüchsen eingeschränkt.

Hier war man der Sonne ein gutes Stück näher.

So hoch war ich noch nie in einen Baum aufgestiegen.

Ich begriff, dass alles, was mich bisher daran gehindert hatte, letztendlich auf mangelnden Antrieb zurückzuführen war. Was für eine Schande. Dabei schaffte ich es doch immer wieder, mich selbst davon zu überzeugen, dass der größte Teil meines Handelns dem bewussten Teil meines Ichs obliegt.

Mogli ist wieder in dem Baum und wieder an der Spitze.

Sie hat ein selbstbemaltes Tuch an einem der höchsten Äste befestigt. Darauf steht: „Hambi bleibt!" mit einem Herzen als Ausrufezeichen. Von hier unten erinnert der Anblick stark an einen Ausschau haltenden Piraten gleich neben seiner Flagge, die seine Gesinnung allen sichtbar präsentiert, und den Park unter diesem Banner als einen entsprechenden Ort deklariert. Augenzwinkern, wem das nicht gefällt mag doch raufkommen und sie abhängen.

Die Erkenntnis darüber, dass dies den Park zu unserem, auf den Wellen der Machthaber reitenden Schiff macht, wird durch den Trip, der nun seine volle Wirkung entfaltet, zu einer spielerischen Tatsache verdeutlicht. Hier können wir uns ausgelassen wie Piraten bewegen. Eine Analogie, die ich zu schätzen weiß. Ahoi, Genossen!

Ohnehin ein sehr toller, freiheitlicher Ort. Stets besetzt von einer ausgewogenen Menge an Arbeitern und Studenten, die sich grob in Hippies und Punks unterteilen lassen.

Gut, auch Metalheads und unauffällige Menschen sind oft zugegen, doch im Allgemeinen und Wortwörtlichen eher eine Randerscheinung.

Ich selbst tingle hier meist zwischen den Gruppierungen umher, und so werde ich es auch heute wieder tun. Auf unserem Stammhügel in der Sonne liegen, mich selbst im Slacklinen ausprobieren, den Turnern und Akrobaten zusehen und versuchen, in möglichst interessante Gespräche verwickelt zu werden.

Der geprägte Mensch

Besorgt fragst du,

ist es das Eine, das uns verbindet?

Oder sind wir es, die das Eine bilden?

Nachts streifen wir umher,

in beruhigten Gefilden

Des Tags sind wir beschwert,

die Zeit mag uns vertilgen

Doch die Kunst, die liegt dazwischen

Die Augen zu schließen,

rückwärts fallend, die Blumen zu gießen,

die uns niemand gab,

die von alleine sprießen

Und so frag ich dich mein Kind der Qual,

musst du das fragen?

Geh fort, ich, möchte genießen

Die Nacht, den Tag, die Blumen, die sprießen

Nochmal zurück zu dem Trip.

Habt ihr euch leicht unentschlossen gefragt, was ich damit wohl meine, und seid die Stelle daraufolgend mit dem Gedanken übersprungen, dass bestimmt die Rede von etwas Harmloserem war, als von dem, wovon ihr nicht viel wisst, aber schon einige Schreckensgeschichten gehört habt?

Dann ist dieser Gedanke mit höchster Wahrscheinlichkeit auf eure doch noch verschlickte Wahrnehmung zurückzuführen.

Folglich seid ihr meinem Ratschlag zum Trotz wohl nicht oft genug vor die nächste Wand gelaufen. Und jetzt verfallt bitte nicht dem Glauben, ich würde euch Belletristik auf weißen Seiten servieren. Gemeint ist natürlich der übertragene Sinn, also nicht die nächste Wand des Gebäudes aus Stein in eurer Nähe, sondern die nächste Einschränkung in eurem Geist.

Also zum Beispiel der Umstand, der dazu führt, dass ihr euch fragt, ob ihr zu dick seid und euer Outfit mehrmals wechselt. Oder witzigerweise auch der Glaube an die Bedeutsamkeit des erfüllenden Gefühls, welches euch überkommt, wenn ihr einen Big Mac esst.

Meint, ihr sollt nicht unbedingt stumpfe Gewalt auf euren Kopf einwirken lassen, wobei diese Deutung zur Verbildlichung auch ganz nett ist, sondern euch mit Hürden konfrontieren. So nah an sie herantreten, dass ihr euch berührt, ihr aufeinander wirkt, und nachdenken.

Nun, die Rede war von einem psychedelischen Zustand, hervorgerufen von etwa 120 Mikrogramm LSD-25.

Zurück zu den Hürden. Findet ihr es, nüchtern betrachtet, nicht absurd, dass Substanzen die bewusstseinserweiternd wirken und die Kreativität nachweislich steigern, in unserem westlichen Glauben verschrien sind, während bewusstseinsbeschränkende Mittel einen festen Platz in unserem Leben haben?

Dass, wenn einem der Alkohol nicht gefällt, hin und wieder mal ein Joint noch im Bereich des Tolerierbaren liegt, aber positive Erfahrungen mit Halluzinogenen keinen Weg in unser Bewusstsein finden?

So war ich einst auf einem Punk-Hiphop-Konzert, und ein junges Mädchen mit blauen Haaren hatte meine Neugier geweckt. Sie leuchtete förmlich in meinen Augen.

Nach dem Konzert schaffte ich es trotz meines zuvor noch betrunkenen Verstandes, durch aus Begeisterung resultierender Klarheit meine Freunde und mich zeitlich und örtlich so auf dem Bahnsteig zu positionieren, dass ich gleich nach dem blauhaarigen Mädchen durch denselben Eingang den Zug betreten konnte. Ich brachte meine Freunde zu einem Vierer-Sitzplatz und kehrte zu dem Ort zurück, an dem ich Johanna, wie ich heute weiß, zuletzt gesehen hatte.

Diese hatte sich, betrunken wie sie war, gleich im Eingang auf den Boden gesetzt, mit dem Rücken an die Glasscheibe zu ihren Freunden gelehnt und blies Trübsal. Bei ihren Freunden waren noch mehrere Plätze frei. Diese waren jedoch in rege Unterhaltung vertieft und schienen nicht direkt Kenntnis von Johannas Situation zu nehmen.

Ich ging also zu ihr, schaute sie so lange an, bis sie meinen Blick erwiderte, und fragte sie, ob das ihr Ernst sei.

Sie konnte mir nicht gleich folgen.

Ich erklärte ihr, dass es doch offensichtlich sei, dass sie mit der Situation unzufrieden ist, sich aber für den passiven Weg entschieden hatte, ihre Freunde, oder – wie ich heute weiß – vor allem ihren Freund, zu beeinflussen. Nämlich nicht auf ihn zuzugehen und ihr Empfinden zu schildern, sondern scheinbar hoffnungslos auf Trost und Aufmerksamkeit hoffte.

Ihre Augen begannen zu leuchten, und sie lächelte verdutzt. Wir redeten noch ein wenig, bis ich aussteigen musste, und tauschten unsere Nummern aus.

Eine Weile später lud sie mich tatsächlich zu ihrem sechzehnten Geburtstag ein. Ich lernte ihre große Schwester Antonia kennen, mit welcher ich mich noch verloben würde, und führte das erste ausführliche Gespräch mit ihrer Mutter.

Diese hatte acht Jahre ihres Lebens in der Drogenberatung gearbeitet, und Johanna hatte ihr von meinen Erfahrungen mit LSD berichtet. Zu dem Zeitpunkt war es kurz nach ein Uhr nachts. Alle waren ziemlich betrunken, und ich zusätzlich high von den Joints, die ich geraucht hatte.

Sie konfrontierte mich mit den Worten: „Und du möchtest meiner Tochter also LSD schmackhaft machen!?", und lehnte sich über den Küchentisch. Sie war ebenfalls seit Jahren im Boxverein und trug zu Recht den Titel Muttertier.

Ich verstummte kurz und begann fast zu zittern, doch an ihrem Blick erkannte ich, dass ich noch nicht verloren war.

Wieder fühlte ich mich schlagartig nüchtern und meine Gedanken schossen dahin. Ich stellte als Erstes klar, dass ich ihr lediglich von meinen positiven Erfahrungen mit der Substanz erzählt hatte, weil sie mich faszinierten, ich mich durch sie besser verstehen konnte, und legte ihr danach mein gesamtes Wissen speziell zu LSD dar.

Dabei griff ich nicht nur auf das Wissen eines informierten Konsumenten zurück. Denn einige Jahre zuvor hatte ich im Schulfach praktische Philosophie einen leidenschaftlichen, freihändigen Vortrag über psychoaktive Substanzen und deren Einfluss auf die menschliche Psyche gehalten, welcher mit der vollen Punktzahl bewertet wurde, und konnte mich noch gut an die Schlüsselpunkte erinnern.

Nach dem ich gut ins Schwitzen gekommen war und zwanzig Minuten verstrichen sein mussten, fasste ich noch einmal abschließend zusammen.

Ja, ich habe ihrer Tochter positiv von LSD berichtet!
Doch es war nicht mein Ziel, sie selbst zu dem Konsum zu verleiten, dafür war sie noch zu jung, doch vor allem, unabhängig davon, noch nicht reif genug. Und ihre Mutter stand auf, reichte mir die Hand und teilte mir mit, das sei alles, was sie hören wollte.

Ziel dieser Unterhaltung war natürlich gewesen, meine Absichten kategorisch einzuordnen und meinen Charakter zu testen, doch keineswegs wirklich etwas über die Substanz und ihre Funktion zu erfahren.

War das Thema doch für sie abgehakt, sobald sie ihre Tochter außerhalb unmittelbarer Gefahr wusste. Daraufhin, wie sollte es anders sein, tranken wir gemeinsam.

Einige Tage vergehen seit dem Tag im Park. Hin und wieder, wenn das Wetter gut ist, besuche ich Becher an seinem Stammplatz vor der Galerie.

Seit drei Jahren besetzt und verteidigt er diesen Fleck, und das kommt nicht nur ihm zugute. Soweit sein Blickfeld reicht, wissen jene, die sich öfter hier einfinden, dass er die Augen offenhält. Auch wenn er nicht wirklich eine Kontrollinstanz darstellt, und das schon gar nicht wollte, kann sich doch jeder, der ihm nicht zuwider ist, seiner Unterstützung in brenzligen Situationen sicher sein.

Wer ihm zuwider ist hingegen, kann damit rechnen, dass er, wenn sich die Gelegenheit bietet, ohne Umschweife, darüber in Kenntnis gesetzt wird. Eines Tages trug er jedenfalls den Maulkorb des Hundes seiner Freundin, und zu ihm passte er deutlich besser als zu dem bissigen Hund.

Es sind nicht die produktivsten, geschweige denn nüchternsten Tage die man so in der Fußgängerzone zubringt, doch wer ist im anerkennbaren Sinne schon produktiv?
Und aus welchen Beweggründen?
Ich jedenfalls finde keinen Gefallen daran, Arbeit zu verrichten, ohne damit im weiteren Sinne ein höheres Ziel zu verfolgen. Natürlich muss jeder einen gewissen Aufwand betreiben, um selbst am Leben zu bleiben. Doch geht es um das Leben von jemandem, der das Wunder des Lebens nicht zu schätzen vermag und es auch nicht würde, ist mir wechselseitig sein Überleben nichts wert. Ich weiß nicht recht, wie ich es

beschreiben soll, ich bin kein sentimentaler Mensch. Für den Großteil der Menschen empfinde ich nicht mehr, als für einen netten Käfer, bevor ich ihn einem größeren Tier zum Fraß vorwerfe. Doch empfinde ich Leid, wenn jemand einem wundervollen Wesen Leid zufügt.

Es ist eben nicht so, als würde ich nichts empfinden, es scheint nur, als wäre ich behutsamer bei der Auswahl, für wen ich Empfindungen hege.

Früher waren die stärksten Empfindungen noch jene gewesen, die ich empfand, wenn ich mit der teils aus Faulheit resultierenden Dummheit anderer konfrontiert wurde. Ich fühlte Hass und Aggression und entlud meine Energie hin und wieder durch Schläge vor eine Wand. Soweit ich mich erinnern kann, war ich nie auch nur ansatzweise derart.

Okay, mir saß immer die Angst im Nacken entsprechend aufzufallen. Vermutlich weil die Situationen, in denen ich es doch tat, die peinlichsten meiner Erinnerung sind.

Sich regelmäßig Stunden am Stück, dem Tanz der Synapsen hinzugeben, ist hoffnungslos. Wem jagt es bitte keinen Schrecken ein, wenn sein aktuelles Handeln mit Leichtigkeit mit dem Handeln von Fischen vergleichbar ist?

Natürlich, viele dieser Situationen lassen sich damit erklären, dass die Menschen glauben, ihr Leben wäre das einzige was sie je erleben würden, allzu endlich und zerbrechlich wie eine Porzellanschüssel. Wohingegen ich mir, auch wenn ich mich nicht festlegen will wie, sicher bin, unser irdisches Leben ist nur ein kleiner Teil und mein Körper doch recht robust. Weswegen ich nicht, wie sie, Angst vor dem Tod empfinde.

Was mich im Leben am ehesten an den Tod denken lässt, ist die Gleichgültigkeit, die mich manchmal überkommt.

Sie ist so stark, dass ich öfter, wenn ich nicht aufpasse, dem Glauben verfalle, ich könnte bestimmt nie wieder wahre Begeisterung für etwas empfinden, und daher beginne über meinen Selbstmord nachzudenken. So könnte ich zumindest lästigem Aufwand entgehen und vielleicht hinter den Vorhang schauen und endlich begreifen. Bücher würden mir dabei nicht viel weiterhelfen, da das, wonach ich tatsächlich suche, nicht in Worte zu fassen ist.

Ich hatte einiges über Quantenmechanik gelesen, mehr oder weniger esoterische Theorien, einige politische Werke, aber nicht sonderlich viel.

Viel eher kommt es doch auf den kreativen und lebendigen Umgang mit dem Leben selbst an. Eben alles, was vor der Lektüre steht, mit dem Potential noch verfasst zu werden.

Also klar, dass die Menschheit vorübergehend aufgehört hat, sich evolutionär weiterzuentwickeln, jetzt, wo nicht mehr die Natur die Benachteiligten ausmustert, sondern ein zu niedriger Kontostand. Wobei sich diese doch größtenteils an der Rücksichtslosigkeit und dem Ehrgeiz des Besitzers und nicht an dessen Intelligenz nähren.

Oder bildlich dargestellt: Heute hat derjenige, der probiert, die Dürre eines Gebietes technisch zu bekämpfen, in dem er sich wortwörtlich an den letzten Strohhalm klammert und versucht, damit ein ausgeklügeltes Bewässerungssystem zu bauen, eine geringere Chance auf Ruhm und Reichtum, als jemand, der sich damit beschäftigt, mit der flachen Hand auf eine Pfütze zu klatschen, um selbiges Problem zu lösen, wenn er seine Methode nur hoch genug anpreist.

Was den Menschen fehlt, ist die simple Erkenntnis dahingehend, dass isolierter Reichtum immer in die Armut führt, speziell den Besitzer.

Arm an menschlichem Kontakt und Gegenwärtigkeit, da man sich immer mit seinem Besitz isoliert.

Man sollte das menschliche Kind, das in uns schlummert, nicht vernachlässigen. So gab es doch das Experiment, in dem Kinder ohne menschlichen Kontakt aufwachsen sollten, und prompt daran zugrunde gingen. Kinder ohne Geld tun dies, soweit ich weiß, nicht direkt.

Doch vermutlich musste die Entwicklung des Einzelnen auf vergleichbare Art und Weise stagnieren, und der höhere Sinn, den Menschen verfolgen können, ergibt sich erst aus der Zusammenarbeit mit anderen Menschen, also über die Wiedervereinigung mit den anderen Bruchstücken des geistigen Wesens, dem wir gemeinsam entspringen. Welches uns übergeordnet ist, eben höher.

Ich glaube nicht an Definitiven. Ich glaube, wir leben in einem subjektiven Universum, wobei eine Definitive ein objektives Urteil darstellt. Ich denke, dass jede scheinbare Definitive zwangsläufig mit ihrem Gegensatz einhergeht, da die Feststellung dieser scheinbaren Tatsache immer vom Subjekt abhängt und beeinflusst wird.

Auch erfüllt mich beispielsweise die Digitalisierung unseres Verstandes mit Grauen, während ich von Technik hoch begeistert bin. Ich verurteile das Befolgen von Mustern und Zeitplänen als langweilig, während ich auf Präzision stehe, und ich liebe die Kreativität, die sich im Unbewussten verbirgt, wobei ich ohne bewussten Austausch nicht kommunizieren wollte.
Um diese Informationen ein wenig zu entwirren, möchte ich anmerken, dass ich natürlich je nach momentanem Umstand eine Seite mehr vertrete als die andere. So gefällt mir berechnendes Verhalten als konkreter Umgang mit unserer alltäglichen Welt, während ich es wenig dafür schätze, dass sich die meisten darauf beschränken.

Ist ein Verstand besonders hoch entwickelt, so der allgemeine Glaube, sei es das höchste Gut, damit komplexeste Kalkulationen anzustellen. Doch verlassen diese Ideale, da sie doch unserem alltäglichen Verständnis entspringen, nie die dazugehörige Welt.

Werden ja selbst die besten von uns, wie Einstein und Planck, welche höchst brisante Theorien mit hohen Berechnungen belegen, an den Grenzen der damit erfassbaren Realität, Beispiel Doppelspaltexperiment, zu Mystikern und sprechen von geisterhaften Geschehnissen.

Als fortschrittlichere Künstler betrachte ich beispielsweise „Käpt'n Peng" und „Aurora", diese vereinen Wissenschaft, Denkenschaft und Fühlenschaft auf eine Weise, die ich sonst noch nicht erleben durfte. Eben genau die Menge an Komplexität, Verflochtenheit und Vielschichtigkeit, die Schönheit für mich darstellt.
Nehmen wir die Welt als verwobenes Konstrukt hin, dem zu entwirren wir Schönheit derart nötig haben.

Manchmal, an stumpfen Tagen, mache ich es mir leicht und meine, den Großteil unserer Welt zu verstehen, wobei ich mich in anderen Momenten der Mystik zugehörig fühle und begreife, dass ich den Hintergrund unserer Existenz nicht zu erahnen vermag.

Es scheint

als sei es um uns geschehen,

bis es in uns geschieht

Erwacht, neu ausgerichtet,

im Rücken ein Bindeglied

Lebhaft,

die Welt die uns still erschien

Nahe dem Tod des Gegenwärtigen,

die Offenbarung,

des Wahrhaftigen

Vor einigen Monaten traf ich Stevan im Park. Der Startschuss einer intensiven, wunderschönen Zeit. Schöner als meine Beziehung mit Antonia, schöner als all meine Beziehungen.
Und zwar nicht, weil ich mich sexuell oder emotional zu Stevan hingezogen fühlte, sondern weil es eben nichts damit zu tun hatte.

Wenn ich versuche mir menschliche Schönheit vorzustellen sehe ich, in den meisten Fällen, ein weibliches Wesen, sei es bildliche oder geistige Schönheit, die ich erfassen möchte.
Doch in der Praxis brachten mein in der Kindheit geschädigtes Ego und der doch tief verankerte Zweifel an der Sinnhaftigkeit des Führens einer Beziehung und der Wahrhaftigkeit von Emotionen Schwierigkeiten mit sich.
Schwierigkeiten, die mir unweigerlich ein Gefühl der Erleichterung bescherten, war eine Beziehung doch wieder zu ihrem Ende gelangt.

Wenn Gefühle echt sind und kein leichtfertiger Beschluss zur Vereinfachung, wieso sind sie dann rational zu entkräften?
So sehr ich auch die Schönheit in ihnen sah, konnte ich sie doch nie richtig in mein Leben integrieren. Zumindest nicht an eine Person gebunden.

Nun, bei meiner Bekanntschaft mit Stevan jedenfalls, konnte ich mich ganz der Erfahrung an sich hingeben.
An jenem Tag saß er im Kreis der Leute, die ich kannte, entspannt, mit einer Sonnenbrille auf und schien den laufenden Techno zu fühlen. Ich fragte ihn: „Hey Mann, ist das deine Musik?" und er antwortete: „Ja Mann, gefällt sie dir?"
Sie gefiel mir sehr. Als er nicht verstehen konnte, was ich antwortete, stand er aus seinem Schneidersitz auf und kam rüber. Hockte sich erst vor mich für einige Wortwechsel und setzte sich dann zu mir.

Nach kürzester Zeit war uns, denke ich, beiden klar, dass wir auf einer Wellenlänge lagen. Wohl auf einer etwas anderen als die Menschen die uns umgaben.

Wir tauschten miteinander psychedelische Erfahrungen aus und er schien, obwohl ich mehr dieser Erfahrungen gemacht hatte, weiter gegangen zu sein als ich.

Ich fragte ihn, ob er in der Stadt wohne, und er antwortete mit ‚nein hier wohne er nicht. Er sei auf der Durchreise, würde aber noch einige Wochen bleiben.‘ Stevan hatte dreizehn Jahre zuvor „Alles" aufgegeben, weil er merkte, dass es ihm nichts brachte.

Er war gelernter Rohrleitungsbauer, mietete eine Wohnung und feierte wohl viel und wild. Nachdem er seine Ausrüstung zusammen und alles abgegeben hatte, machte er sich vom Osten Deutschlands zu Fuß auf den Weg nach Spanien.

Er erzählte mir von Ibiza als einem magischen Ort, wo es nur zwei Plätze gäbe, an denen sich die Touristen mit Alkohol und damit zusammenhängenden Bräuchen vergnügten, der Rest der Insel sei paradiesisch. Man könne dort ohne großen Aufwand einen Strand finden, wo man ein Lagerfeuer machen und nackt schwimmen gehen kann, ohne sich Sorgen machen zu müssen, andere zu stören.

Die nächsten Wochen verbrachten wir jedes Wochenende zusammen und manchmal, wenn die Sonne schien, wenn ich von der Arbeit kam, ging ich in den Park, und er erzählte mir weitere Erlebnisse aus seiner Vergangenheit.

Er ist der erste Mensch, den ich kennenlernen durfte, welcher bewusst losgelöst von materiellen Wertvorstellungen und auferlegten Konventionen lebt und stetig nach der Erweiterung seines Bewusstseins strebt, statt seine Zeit mit dem übermäßigen Konsum von Rauschgiften zu vergeuden.

Ich kenne zwar einige, die auf der Straße leben, und finde es auch immer recht interessant, die Welt mit ihnen aus ihrem Blickwinkel zu betrachten, doch sind sie alle, um es mal verständlich auszudrücken, Straßenpunks, Hippies oder Junkies und allesamt trinken ohne Ende und führen mehr oder weniger unbewusste Leben.

Zwar trank ich auch öfter und manchmal viel, aber nur als kurzfristige Beschäftigung. Kommt mir der Griff zum Alkohol doch immer noch wie die Niederlage von Bewusstsein unter Realität vor und schwingt gleich nach dem ersten Erlischen der Ausschüttungen im Belohnungszentrum um in eine betrübte Unzufriedenheit. Mir war immer klar, dass ich lediglich meine Langeweile ertränke, welche ich in dieser stumpfsinnigen Umgebung empfand, mich aber eigentlich auf dem Weg von ihr weg befand.
Bei all den Menschen mit denen ich die Jahre über trank, fiel es mir doch immer noch auf, wenn mal jemand dabei war dem ich ähnliche Hintergedanken zumutete, und keiner von ihnen lebte auf der Straße.

Seit acht Jahren genese er, sagte Stevan mir einmal, als ich ihm ein Bier anbot. Er trinke in der Regel höchstens alle zwei Tage. Sonst würde der Körper noch mit der letzten Vergiftung kämpfen, und die Wiederholung schade dann wirklich den Synapsen.
Wenn wir zusammen mit Bekannten etwas unternahmen und bis zum Morgen in meinem Wohnzimmer saßen, war es fast immer so, dass wenn jemand eine Diskussion begann, oder eine Frage in den Raum warf, wir gemeinsam auf eine Aussage, Erklärung oder Einsicht hinarbeiteten. Angetrieben von der Leidenschaft die der Anspruch ans Leben mit sich bringt. Wir schauten abgefahrene Filme zusammen, analysierten ihren Inhalt und die Absichten der Künstler dahinter. Verblüffend, was man an Stellen entdecken kann, welche man Jahre zuvor bereits gesehen, aber als nicht besonders abgetan hatte.

Stevan hatte den Plan, mit jemandem, den er getroffen hatte, nach Mallorca zu gehen, dort eine Weile zu arbeiten und zu schauen, wo es ihn dann hin verschlug.

Doch bevor er abreise, wollte er mir noch jemanden vorstellen, von dem ich bestimmt begeistert sein würde. Er umschrieb ihn als Schamanen, und ich wusste nur, dass er in einer Höhle leben sollte.

Und wieder ließ mein Glück sich von meinem eingeengten Verstand vor sich hertreiben. Es brauchte etliche Vorschläge Stevans, um mich zu dem Schritt zu bewegen. Etwas in mir hatte sich gegen die Erfahrung, die mich erwarten würde, gesträubt.
Ich hatte nämlich auf Finanzierung des Betriebes hin, für den ich arbeitete, die Meisterausbildung angetreten. War folglich gerade dabei, mir beruflichen Erfolg als Glück zu verbuchen und wusste innerlich, dass die Erfahrung im Wald Potential hatte, meine Versuchungen wieder infrage zu stellen.

Dann endlich, drei Wochen später, erschöpft und angeekelt von meinem eigenen Stumpfsinn sagte ich zum Glück doch zu, und wir machten uns auf den Weg.
Die Stadt, in der ich lebte, war umgeben von kleinen Bergen und Wäldern. Nach etwa einer Stunde erreichten wir den Trampelpfad nahe der Hauptstraße, welcher an einer Quelle vorbei in den Wald und den Berg hochführt. Als wir über einige Baumstämme gestiegen, eine Leiter erklommen, am Abhang entlang geschritten und in den sandigen, erdigen Boden geschlagene Stufen erreicht hatten, hielt Stevan mich dazu an, zu klingeln, und deutete auf eine an einem Baum befestigte Glocke. Kurz nachdem sie ihren Klang von sich gab, rief Stevan: „Ich hab da wen mitgebracht, wir sind zu zweit", zurück kam ein: „Alles klar, ihr seid da!"
Wir stiegen die Stufen hinunter, mit Blick über die gesamte Stadt, keinen Meter von dem steilen Abhang entfernt und erreichten eine Aushöhlung im Felsen, welche etwa zehn Quadratmeter Grund überragte, und wo Calvin auf uns wartete.
Es war keine dunkle Höhle, es war nicht einmal wirklich eine Höhle. Viel eher war es ein mit Erde und Holz vergrößertes

Plateau, welches durch eine Aushöhlung im Felsen vor Regen geschützt war.

Alle möglichen Dinge waren zu sehen, ein Bett stand an der hinteren Wand, keine zwei Meter vom Abhang entfernt. Die Höhle war von Rauch erfüllt, Calvin kochte gerade Quellwasser auf, um uns einen Kaffee anbieten zu können und um diese Jahreszeit, so teilte er uns mit, drücke die Luft von oben in den im Fels auf natürliche Weise vorhandenen Schornstein. Stevan setzte sich auf einen Korbstuhl mit Lammfell, den Calvin bereitstellte, und ich mich auf die warmen, roten Treppenstufen, über die wir gekommen waren. Ich schaute mich weiter um. Neben den direkt am Hang in der Erde platzierten Pflanzen, entdeckte ich lauter elektronischen Kram, wie zwei Bluetooth-Lautsprecher mit eingebauten LEDs, eine Satellitenschüssel, welche an den Felsen gelehnt und auf die Stadt gerichtet war, einen Laserpointer und im Hintergrund, mit Ketten neben der Höhle am Felsen befestigte Solarstrom-Kollektoren. Mir war klar, dass Stevan mich nicht zu einem Höhlenmenschen, wie man ihn sich vorstellt führte, aber damit hatte ich nicht gerechnet.

Mir wurde erklärt, dass er mit den Kollektoren die Akkus seiner Geräte lade und seine Kühlbox betrieb, die Pflanzen seien natürlich für die frische Raumluft zuständig, grins, und die Satellitenschüssel fungiere als Strahlenbündler. Denn auf der anderen Seite des Flusses, welcher direkt vor der Hauptstraße durch die Stadt fließt, befindet sich ein Baumarkt, dessen freies WLAN Netzwerk er dank der freien Luftlinie und des in der Mitte seiner Schüssel sitzenden Empfängers nutzen könne. Trotz der ganzen in der Höhle befindlichen Technik begann ich keine Sekunde daran zu zweifeln, dass Calvin ein sehr naturverbundener Mensch sein musste. Alles in diesem Umfeld, von der Schüssel mal abgesehen, erschien mir erstaunlich guttuend und gesund.

Es war, als wollte der Fels Calvin durch seine Formgebung schützen und unterstützen. Als freue er sich über seine Anwesenheit.

Nachdem wir ein wenig geredet hatten, war es plötzlich halb zwei nachts und 8 Stunden waren vergangen, obwohl wir ursprünglich nur eine bleiben wollten. So machten Stevan und ich uns fürs Erste wieder auf den Weg zu mir. Aber mit der Absicht, am nächsten Tag wiederzukehren.

Dies war der zweite Stoß vor mein Fass, welches nun unweigerlich bald auslaufen musste. Ich war noch nie, umgeben von so viel Technik, der Natur so nah und verbunden gewesen. Wir hatten über die Gesellschaft, das Arbeitsleben, Geld, Geist und Schicksal philosophiert, und nun hatte es Stevan mit Calvins Hilfe doch geschafft, mich endgültig von der Überzeugung, es gäbe Zufälle, abzubringen.
Zumindest waren wir uns nun einig, dass bedeutsame Dinge immer einer Bestimmung folgten, woraus sich ergab, dass weniger bedeutsame Dinge eventuell nicht bestimmt waren, aber dennoch den Bestimmungen nicht im Wege stehen konnten, also nicht unbestimmt waren.

Ich bin krank, denn ich bin süchtig

und die Krankheit, ja sie erdrückt mich

Tag für Tag zwingt sie mich,

zu tun was mich bedrückt Ich,

glaub ich werd verrückt Ich,

glaub sie ist entzückt

Schenkt mir schelmisch' Grinsen Nein,

das soll's noch nicht gewesen sein

Folgt mir in mein trautes Heim

und sagt mir, dass ICH SIE brauch

Ja ich bin krank, denn ich bin süchtig

Doch man sagt, so ist man süchtig,

macht Erkenntnis Kranke tüchtig

So sei es drum, gleich morgen schon,

werd ich in dem Walde wohn

Wo die Krankheit sich nur verläuft

Werd ich ihrem Netz entkomm',

das stetig MICH in Vibration versetzt

Denn schon heut beginn ich zu heilen

Weiß ich von den nahend' Weilen

Das Rezept des Doktors Geist

Heißt Kündigung

Ich fühle mich in unserer Gesellschaft zutiefst fehl am Platz. Jeden Tag schalte ich meinen Gehörgang auf Durchzug oder bleibe zu Hause. Und wie ich weiß, ist fast niemand mit seiner gegenwärtigen Situation zufrieden, dennoch scheint so gut wie niemand dem Ruf seiner Natur zu folgen.

Woraus resultiert das?
Sehen die Menschen nur, was sie sehen wollen?
Haben sie Angst und sind träge?

Einen Teil zu den nicht getroffenen Entscheidungen trägt sicherlich die Überzeugung bei, welcher ich auch bis vor kurzem unterlegen war.
Dass man uns keine wahre Sicherheit bieten kann, ist uns wohl allen bewusst. Und doch funktioniert es ganz gut, solange man schön dem auferlegten Plan folgt, passieren einem recht selten sehr viele Dinge auf einmal. Wenn es nun den Zufall gäbe, was dann da draußen alles mit einem passieren könnte.

Doch der größte Teil zu dem Mangel an Veränderung liegt mit Sicherheit in der Wahrnehmung unseres Umfelds.
Wenn wir ehrlicher mit uns selbst umgehen und es schaffen, andere auch dahingehend anzuregen, ist es für die meisten von uns bestimmt verwunderlich, wie ähnlich sich unsere grundlegenden Probleme und deren Lösungen sind.

Dieses eine Gespräch mit den beiden, gab mir das Vertrauen zurück, welches ich als Kind an die Welt gelegt hatte. Wenn man sich nur bemühe, würden einem rückblickend ausschließlich gute oder ausschlaggebende Erfahrungen zuteilwerden.

Ein ganz normaler Arbeitstag.

4:48 Uhr – Mein Schlafphasenwecker meldet sich mit einem angenehmen Ton bei mir. Nach knapp vier Sekunden schalte ich ihn ab. Beim Versuch mir das Aufstehen schön darzustellen, schlafe ich wieder ein.

5:14 Uhr – Mein Handywecker meldet sich, mit einem etwas aktiveren und weniger angenehmen Ton bei mir. Ich schalte ihn ab und denke an die 26 Minuten, die mir noch bleiben, bis ich auf mein Rad steigen sollte, welches sich in der Tiefparkgarage befindet.

Ich schalte auch meinen Radiowecker ab, welcher sich um 5:21 Uhr melden würde und äußerst nervige Geräusche von sich gibt, steige die 14 Stufen in mein Wohnzimmer hinunter und lasse meinen Plattenspieler die Musik des letzten Abends erneut spielen.
Mein Kopf läuft auf Hochtouren, um nicht an jenen Gedanken zu ersticken, welche auf mich zukämen, würde ich an meine Arbeitskollegen denken.
So versuche ich, mir etwas Nützliches auszudenken. Heißt, etwas zu erfinden, oder zu schreiben. Nach dem morgendlichen Genuss meines Frühstücksmüslis um etwa 5:30 Uhr halte ich noch kurz inne.
Ich packe meinen Rucksack auf meine Schultern, gehe durch zwei Türen und den Flur nach draußen und erneut durch zwei Türen und einige Gänge in den Fahrradkeller, wo mein Fahrrad nach Möglichkeit am immer gleichen Platz, von derselben Seite abgeschlossen steht. Ich stecke meine Trinkflasche in den Getränkehalter, bringe das Faltschloss unterm Sattel an und fahre los.

Nach etwa sechzehn Minuten und sieben Kilometern Strecke, erreiche ich wie immer mit nass geschwitztem Rücken die Firma.

Zwischen 7 und 11 nach verlasse ich die Umkleideräume und mache mich auf den Weg zu meinem Arbeitsplatz, welcher immerhin in der hintersten Ecke des Geländes liegt, und versuche, meinen Gehörschutz so tief wie möglich in meinen Ohren zu platzieren, noch bevor der Kollege, mit dem ich mir die Halle teile, die ersten Worte an mich richtet. Das morgendliche: „Guten Morgen", im Umkleideraum, in der Stimmlage und Aussprache eines SS Generals mal nicht mitgezählt.

Die Hysterie derjenigen, die es bis zum Erwachsenenalter noch nicht geschafft haben, ihren Ehrgeiz von den auferlegten Anforderungen abzukoppeln, beschäftigt mich allzu häufig. Leider strengt sie mich gleichermaßen an.
Die Schadenfreude, welche sie empfinden können, weil sie sich nicht mit ihrer Umwelt verbunden fühlen, ist für mich nicht nachzuempfinden. Ihren Mangel an Bewusstheit nehme ich als Schaden an meiner Welt wahr.
Der Kehrwert ihres Handelns ist ein beinahe fehlerfreier Indikator für ihre ungenügende Selbstwahrnehmung. Statt mich mit dem Ausblenden ihrer sich täglich wiederholenden Aussagen herumzuschlagen, würde ich meine Zeit deutlich lieber mit einem selbst schwerstabhängigen Heroinverkäufer von der Platte verbringen und über die Süchte der Allgemeinheit philosophieren. Im Gegensatz zu meinen Kollegen ist er sich seiner Süchte nämlich durchaus bewusst. Und eben nicht ansatzweise so stumpf wie viele akzeptierte Menschen.

Was ist es also? Was lässt uns jeden Tag in der Dunkelheit aufstehen und noch im Hellen schon zu Bett gehen? Was bringt uns dazu, unseren natürlichen Rhythmus zu vernachlässigen? Wie kommt es, dass wir blind ein Drittel unserer Lebenszeit an einem Projekt mitarbeiten, welches wir nicht verstehen?

Wenn ich Menschen, welche schon lange mit dieser Ungewissheit leben und sich scheinbar damit abgefunden haben, diese Fragen stelle, erhalte ich, wenn nicht aktiv der Situation entflohen wird, in so gut wie allen Fällen ausweichende Antworten. Dieses Verhalten ist im Hinblick darauf, dass sie dieses Leben führen, nur allzu vorhersehbar und doch fühle ich mich hin und wieder genötigt, sie ihnen zu stellen.

Wann habt ihr euch zuletzt einen halben Tag freigenommen, oder seid in eurem Urlaub während der Arbeitszeit umhergezogen? Wie findet ihr es, lauter Menschen zu sehen, welche ihrem Job nachgehen?

Einem Job, der ein kleines Zahnrad darstellt, in einem System, welches sie tatsächlich in keiner Weise schätzen, abgesehen von dem Geld, welches es erwirtschaftet. Welche sich mit hoher Wahrscheinlichkeit ein besseres Leben vorstellen könnten. Jedoch meinen, eine solche Art von Arbeit verrichten zu müssen, weil es das einzig Richtige sei. Oder viel eher, das einzige was ihnen möglich ist.

Viele von ihnen hatten vermutlich auch schon den Gedanken, dass es eigentlich unmöglich oder unzumutbar sei, doch verfielen darauf gleich wieder der Stimme der Öffentlichkeit. Ich schätze, man kann dieses Phänomen dadurch erklären, dass wir in einer Gesellschaft gut bezahlter Süchtiger leben. Wir haben verlernt, wie wir uns selbst versorgen, gehen allesamt Arbeiten nach, die wir uns schönreden, und laben uns an dem bereitgestellten, ach so unscheinbaren Trunk.

Das Instrument, welches unsere Sucht befeuert, ist allgegenwärtig. Laufen, oder fahren wir durch die Stadt, sitzen in öffentlichen Verkehrsmitteln, oder lassen auch zu Hause nur etwas von draußen hinein, sei es durch unseren Fernseher, versucht es uns über uns selbst aufzuklären. Schenkt uns ein Bild, welches entfernte Ähnlichkeit zu uns aufweist, und sagt uns: „So könnt ihr werden! Ihr seht ja, das ist gut für euch!"

In dem Moment, in dem wir der Annahme verfallen, es sei unsere einzig realistische Möglichkeit, ein gutes Leben zu führen, zu arbeiten, um zu konsumieren, werden wir zu Sklaven. Doch zuallererst sind wir ab hier Sklaven unserer selbst.

Wir haben es noch nicht fertiggebracht, unseren Hund aus dem Sprichwort Schweinehund dazu zu bewegen, das Schwein für uns unter Kontrolle zu bringen. Da Schweine nun mal Schweine sind, der Hund ein Raubtier und wir der beiden Herrchen, stellt es für uns bei ausreichend großem Willen und Antrieb kein Problem dar, sie zu dressieren und unser endgültiges Handeln zu steuern. Zumindest, wenn man hier nicht die grundlegende Freiheit des menschlichen Geistes anzweifelt.

Meine Mutter pflegte zu sagen: „Sohn, was du vor hast, ist toll, doch eben nicht für jeden etwas." Wie ich mir heute aber sicher bin, ist es das doch. Ob der Einzelne nun meint, es wäre für ihn zu spät, diesen Weg einzuschlagen und sich zu verwirklichen, muss er für sich selbst entscheiden. Wenn sich aber derjenige nur weit genug öffnen kann, gibt es keine Altersgrenze, die einen solchen Wandel ausschließt. Ob die Offenheit nun ohnehin vorhanden war, aber mit falschen Einflüssen gefüttert wurde. Oder herbeigeführt wird, sei es durch einen Schicksalsschlag, oder eine Zeremonie, hat auf das Ergebnis keinen großen Einfluss.

Da Menschenkinder, bevor ihre Umwelt Einfluss auf sie nehmen kann, überall auf dieser Welt ähnliche Grundvoraussetzungen, Eigenschaften und Bedürfnisse haben, wäre es nur logisch davon auszugehen, dass die Menschen ebenfalls ähnliche Lösungen, bzw. Lebensweisen entwickelten, um diese zu nutzen, zu bedienen und zu fördern.
Und an den meisten Orten hatten sie dies auch bereits.
Wenn wir uns einige der weltweit etwa 5.000 indigen lebenden Völker anschauen, sehen wir, wie diese ihre Lebensweise in den letzten Jahrtausenden kaum verändert und lediglich den Einflüssen ihrer Umwelt angepasst haben. Ihre Beziehungen untereinander, zur Umwelt, den Sternen und den Göttern, zeugen diesem logischen Prinzip entsprechend, rund um den Globus von starker Verwandtschaft.

Sie allesamt stehen der Lebensspendenden, aber auch gefährlichen Natur sehr nahe, und da menschliche Population im Allgemeinen ein heterogenes Bild abgeben, ist die Entwicklung von Hierarchien sowohl nachvollziehbar als auch notwendig, um die Eigenschaften aller bestmöglich zu nutzen und einen relativ sicheren Rahmen hierfür zu schaffen.

Die Gemeinschaften sind von engem, beinahe familiärem Zusammenhalt geprägt. Und auch wenn sich natürlich nicht jeder mit jedem gut versteht, fühlen sich doch alle, nicht zuletzt durch ihr schroffes Umfeld, welchem sie gemeinsam widerstehen, miteinander verbunden.

Ihre Oberhäupter, deren Entscheidungen vorläufig befolgt werden, besetzen ihre Posten, ohne zuvor Werbung zu plakatieren, oder falsche Versprechungen zu machen. Sie nehmen zwar oftmals schlicht wegen der Erbfolge ihre Position ein, doch schaffen sie es in vielen Fällen, dieser Berufung zu entsprechen.

Nun ist annehmbar, der Mensch könnte glauben, er sei weniger Gefahren ausgesetzt, desto größer seine Gemeinschaft ist. Dies ist bis zu einem bestimmten Punkt mit Sicherheit auch zutreffend, solange eben jener familiäre Zusammenhalt, welcher das Leben im Einklang mit der Natur erst ermöglicht, nicht gestört wird.

Denn Menschen werden fahrlässig, wenn sie über keine Werte verfügen, welche von der Gemeinschaft, derer sie sich angehörig fühlen, gestützt werden.

In den von außen betrachtet sehr wild wirkenden Gebieten, in denen viele indigene Völker bestehen, werden Populationen noch heute in natürlichen Prozessen reguliert. Durch ihre Religionen, welche aus in der Natur gewonnenen Weisheiten, in Form von Analogien und Legenden bestehen und von ihrer inneren und der sie umgebenden geistigen Welt und ihrem Zusammenhang zeugen, wissen sie, das Leben, wozu jedes Wesen zählt, ist ein Geben und Nehmen.

Indem die ersten Menschen aufhörten, von und mit der Natur zu leben und begannen, sie zu dominieren, schlugen sie einen Weg ein, welcher – wie sie dachten – zu ihrem Besten sei. Doch leider ließen sie dabei einiges außer Acht.

Als die ersten Stadtmauern die Natur aus dem direkten Umfeld der Menschen verbannten, verloren sie den Einfluss, welcher sie immer Besonnenheit, Genügsamkeit und Verbundenheit gelehrt hatte. Jene Werte, welche ein Fenster in die geistige Welt darstellen.

Sie begannen, an materielle Dinge, statt an die Götter der Natur zu glauben. Verfassten teils zu politischen Zwecken neue Religionen und fingen an, mit den Werkzeugen der Manipulation an sich selbst herum zu schrauben.

Von Beginn an hatte es den Anschein, als würde das neue Prinzip, welches alles dem Wachstum unterstellte, super funktionieren, und das tat es auch in gewisser Weise, solange die Natur als Energielieferant dient.

Doch neben dem quantitativen Wachstum der Menschheit ging die Qualität der geistigen Welt der Menschen zurück.

Womöglich ist der Einklang in gewisser Weise unausweichlich, den zu brechen die Dominierenden bereit waren.

In den neuen Gemeinschaften wurde die Natur, der Lebensraum der Wilden, nun häufig als Ort voller Gefahren gesehen. Märchen und Geschichten aus unserer heutigen Region drehten sich nun um in den Wäldern lebende Geister, Monster und Ungetüme. Lediglich in Einzelfällen schaffte es der Geist der Natur noch, zum Menschen durchzudringen.

Die Mehrheit jedoch, welche von Grund auf von geistlosen Gegenständen umgeben war und mit Barrieren, welche sie von der Natur fernhielten aufwuchs, glaubte logischerweise, sie müsse ihr Glück in jenen, materiellen Welten suchen.

Menschen, welche zuvor den Dienst an ihrem Stamm und der Welt als höchste Errungenschaft angesehen hätten, nun aber in einer Welt der Dominanz aufwuchsen, versuchten entsprechend mit den ihnen geschenkten Voraussetzungen möglichst viel zu beherrschen.

Heute wird diese Entwicklung gekonnt vor uns verborgen. Denn, es hat sich eine regelrechte Kette der Dominanz gebildet und die Dominantesten wissen, wenn die unteren in dieser Kette nicht einmal mehr den Untersten dominieren könnten und die Hoffnung verlören, sie könnten in der Kette aufsteigen, so würden sie früher oder später versuchen, auf andere Weise etwas an ihrer Situation zu ändern. Schlimmstenfalls, die Sinnhaftigkeit des gesamten Konstrukts und dessen Herkunft überdenken.

Denn wenn dies geschehen würde, und die Qualität von Dominanz wird vor allem in der Quantität der Dominierten bemessen, würden nach und nach auch die Obersten ihr Gut verlieren.

Damit wir also schön an unserem Platz bleiben und ihn nicht hinterfragen, wird uns eine Welt voller Reichtum geschenkt. Doch bemessen an dem, was zu unserem persönlichen Wachstum beitragen würde, ist sie arm.

Wir, die gar nicht wissen, was dies in Wahrheit bedeutet, vergnügen uns mit den ganzen Dingen, die wir besitzen, oder mit anderen Worten, dominieren können.

Benommen von der uns umgebenden Vielfalt an Dingen bedienen wir uns, auch heute im Zeitalter der global vernetzten Menschheit, den von unseren Unterdrückern zur Verfügung gestellten Informationsquellen. Wir glauben, unser Umfeld entspräche der Natur des Menschen. Schauen wir anhand ihrer Informationen zurück, sehen wir Armut, Krieg und offensichtliche Unterdrückung, welche sich uns als Mittellosigkeit zeigt.

Heute haben wir Mittel, Dinge, und der Krieg wurde auch zu jenen verlagert, die noch nicht süchtig genug waren, um sie erst auszubeuten und ihnen dann zu gestatten, sich für ihr Scheinglück freiwillig ausbeuten zu lassen.

Besonders in einem solchen System aufgewachsen, ist es für den Verlauf unseres Lebens entscheidend, welchen Grad an Bewusstheit wir erreichen.

Als Kinder äußerten wir noch häufig Annahmen und Empfindungen, obwohl diese uns einen Nachteil verschaffen konnten. Schlicht, wir waren ehrlich.

Doch von klein auf werden wir konditioniert, zu tun, was uns vorgemacht oder gesagt wird, zu kopieren. Wir lernen gehorsam, am Zipfel der lehrenden Person zu hängen. Uns wurde beigebracht, Geld regiere die Welt, Geld sei Macht und Macht das am meisten anzustrebende Ziel unserer fortgeschrittenen Zivilisation. Und man müsse dem alles unterordnen.

Doch beschäftigt man sich mit dem Zusammenhang von innerer und äußerer Welt, so bemerkt man, dass alles, was uns beigebracht wird, lediglich Vorteile für unsere äußere Welt schafft, während die innere verkümmert.

So wie meine Kollegen mir weismachen wollten, ich sei zu sensibel, müsse härter werden, sehe ich ihre Härte als Stumpfheit, welche die benötigte Sensibilität für ein erweitertes Bewusstsein unerreichbar macht.

Diese Abstumpfung ist wie unsere universelle Höflichkeit und vieles mehr ausschließlich darauf ausgelegt, Störungen im Ablauf unseres Lebens zu verhindern. Denn Störungen in unserem Leben, sind Störungen in der Arbeit, die wir verrichten.

Man kann sich den Ort, an dem wir uns befinden, vorstellen als eine Wiese, auf der naturbelassene Steine in Zickzack-Anordnung einen Turm bilden. Wobei unsere Menschlichkeit, unser inneres, durch die Wiese und das, was wir erlernt haben, anhand der Steine dargestellt werden. In dem Turm wird jeder Stein unter anderem durch den oben aufliegenden fixiert. Entfernt man nun also den obersten, stellt man das Gleichgewicht der unten liegenden infrage. Der erste und oberste Stein, den wir entfernen, steht für die Erkenntnis, dass wir mehr sind als Materie. Geraten nun die unten liegenden ins Wanken, müssen wir als Wiese hoffen, dass der Turm nicht zu hoch ist.

Man könnte sagen, dass das Erlangen von Wissen die Dominierung der Ungewissheit ist.

Die geistige Welt, welche eher im Widerspruch mit Dominanz koexistiert und lediglich erfahren, aber nicht gemessen werden kann, widerspricht den in unserer Gesellschaft weit verbreiteten Theorien des Determinismus. Der Aussage, dass wir mit genügend Informationen alles vorhersagen und zurückverfolgen könnten.

Wissenschaft ist ein tolles Werkzeug, um in unserer physischen Welt zu bestehen. Wir können Ergebnisse in Bereichen erzielen, die so faszinierend sind, dass die Wissenschaft ebenfalls zu so etwas wie einer Religion heranwachsen konnte. Doch die Realität, welche wir noch so sehr mit unseren Theorien der physikalischen Gesetze zupflastern können, werden wir als physische Wesen nie verstehen, nie alles von ihr wissen, sie nie besitzen.

So können wir auch aus dem Doppelspaltexperiment eine zentrale Erkenntnis gewinnen. Wie fast immer lohnt es sich, alle zu dem Thema gehörigen Begriffe isoliert zu abstrahieren, um sie danach wieder in Verbindung zu setzen. Hier Welle und Teilchen, welche man auch als Irrationalität und Rationalität, oder Gefühl und Logik, oder bunt und farblos sehen kann.

Kurz zum Versuch, es wird der Welle-Teilchen-Dualismus demonstriert. Traditionell mit Licht, also Photonen (Lichtteilchen). Es gibt eine Lichtquelle, beispielsweise einen Laserpointer, dessen Licht wird auf einen Schirm mit zwei Spalten gerichtet, sodass dieses durch beide Spalten gleichzeitig treten und auf eine Projektionsfläche dahinter treffen kann.

Was meint ihr welches Muster auf der Projektionsfläche auffindbar ist?

Nun, schauen wir nur auf das Ergebnis, sehen wir Lichtstreifen unterteilt von Schatten, die von der Mitte nach außen zunehmend an Energie verlieren. Dieses Muster entsteht durch die Überlagerung der zwei, von den beiden Spalten ausgehenden Wellen. Schaut euch mal das Cover an.
Soweit so gut, erstaunlicher wird es dennoch.

Das Licht bewegt sich hier offensichtlich als Welle fort und das tut es auch, wenn wir einzelne Teilchen auf den Weg schicken. Die nacheinander verschossenen Teilchen finden, sofern wir nicht überprüfen, welchen Weg sie nehmen, ihren Platz auf der Projektionsfläche, sodass nach wie vor das Interferenzmuster entsteht. Die Teilchen scheinen hier zu wissen, wo die anderen gelandet sind, und landen werden. Um diesen abstrakten Vorgang zu beschreiben, wurde der Begriff der Wahrscheinlichkeitswelle geprägt. Ein theoretisches Konstrukt, auf dem sich die Teilchen bewegen.
Überprüfen wir in einem Doppelspaltversuch, durch welchen Spalt sich die Teilchen bewegen, verschwindet das Interferenzmuster auf der Projektionsfläche und an seine Stelle tritt das Ergebnis, welches wir erwarten würden, wenn wir vom statischen Teilchencharakter der Versuchsobjekte ausgingen. Es entstehen zwei ausgewaschene Streifen.
Wir, die Beobachter, beeinflussen das Ergebnis des Experiments grundlegend, je nachdem, worauf wir achten und mit welcher Annahme wir den Versuch durchführen.
Dieses eigentliche Ergebnis des Versuchs lässt sich auf viele Bereiche unseres Lebens übertragen.

Wie oben schon genannt, ließe sich die Welle mit Gefühl und das Teilchen mit Logik assoziieren. Wir alle sind uns der Tatsache wohl bewusst, dass man Gefühle „zerdenken" kann.
Ich selbst schrieb dies bis vor kurzem unbewusst der Theorie des Gefühls als Mangel zu. Nun aber, mithilfe der Interpre-

tation des Doppelspaltversuchs, bin ich mir der Beschaffenheit des Gefühls ein Stück mehr gewahr geworden.

Das Zerbrechen an der methodischen Überprüfung ist ein essenzieller Bestandteil des Gefühls und diesem nur als Schwäche zuzuschreiben, wenn man es nicht schafft sich von der Statik der Logik zu lösen. Es braucht diese Angreifbarkeit im Logischen, um seine erhabene Unantastbarkeit in seiner Andersartigkeit zu manifestieren.

Eine weitere, weiter abstrahierte Situation, in der das Modell zum Einsatz kommen kann, wäre beispielsweise, wenn zwei Freunde sich treffen. Die beiden nehmen zum Beispiel den Raum, indem sie sich befinden, unterschiedlich wahr. Verbringen sie nun ihre Zeit hier, ohne ihre Wahrnehmung miteinander zu besprechen und auf einen definierten Nenner zu bringen, befindet sich der Raum im Bereich der Überlagerung der beiden Wahrnehmungen. Man könnte ihn mit ein wenig Witz auch „Schrödingers Raum" nennen.

Er entspricht gewisser Weise beiden Wahrnehmungen, und ist doch nicht ganz definiert, da die Wahrnehmungen beider Freunde unterschiedlich sind. Erst durch das empirische Abwägen der Annahmen beider, würde besprochenes eine statische Gestalt annehmen.

Im Grunde ist alles

was nicht wahrem Gefühl entspringt

zu verurteilen

Denn ergründen wir dies,

zerbricht es

Es ist schlicht dekadent, zu meinen, man wisse etwas mit Sicherheit.

Die erste entsprechende Frage, die ich stellte, an die ich mich erinnern kann, richtete ich als Kind an meine Mutter. Ich wachte morgens in ihrem Bett auf und dachte über die Farben nach, die ich sehen konnte. Ich wollte meiner Mutter eine Frage zu ihnen stellen und kam auf den Gedanken, dass sie eventuell gar nicht dieselben Farben sieht wie ich. Klar, man hatte den Aufbau von Augen untersucht, aber wie sollte man wirklich nachverfolgen, was jemand anders sehen kann. Ich stellte mir eine Diskussion mit meiner Mutter vor, in welcher sie das, was ich als grün sehe, als blau wahrnimmt, aber gelernt hatte, dass man es grün nennt. Wie sollte man dies überprüfen, sofern kein organischer Defekt vorliegt?

Diese Einsicht in die persönliche Wahrnehmung und ihre Unantastbarkeit begleitete mich fortwährend.

Zu Beginn meines Lebens waren mein Verstand und ich, wie bei den meisten Menschen, ziemlich klein. Bis zu meinem sechsten Lebensjahr wuchs ich in einer Stadt mit knapp dreihunderttausend Einwohnern auf. Ich bin mir nicht absolut sicher, ob ich mich nur nicht gut genug erinnern kann, oder ob es mir auch damals nicht bewusst war. Doch meine Eltern hatten sich wohl kurz nach meiner Geburt getrennt und mein Vater nie mit in der ersten Wohnung gewohnt, an die ich mich erinnere. Bis zu einem Gespräch mit meiner Mutter vor einigen Jahren wusste ich dies jedenfalls nicht.
Wir hatten einen kleinen Garten für uns, und die Toilette war nicht im Bad, sondern im Flur. Ich liebe diese Altbauten, ich liebte diese Wohnung. Mein Kinderzimmer, welches sich gleich hinter dem Schlafzimmer meiner Mutter und zwei riesigen, weiß lackierten Schiebetüren verbarg, war traumhaft schön. Ich besaß neben meinem Bett eine blaue Couch, welche ich so platziert hatte, dass sie hinter sich eine Ecke des

Zimmers beherbergte, die nur zu erreichen war, indem man über die Couch kletterte. Dort verbarg sich meine mit Kissen und Kuscheltieren ausgekleidete Kuschelecke. Mein Zimmer war meist schon durch die zwei riesigen Fenster zur Straße hin gut ausgeleuchtet. In diesem Zimmer küsste ich meine erste Freundin und lernte den Begriff Gott im Spiel mit meinem besten Freund kennen.

Mit ihm verbrachte ich einen Großteil meiner Kindheit. Unsere alleinerziehenden Mütter waren gute Freundinnen, wir waren in derselben Kindergartengruppe und wohnten einen nur vierminütigen Fußweg voneinander entfernt. Er war bereits bei meiner Geburt dabei gewesen, wir waren quasi Brüder. Durch den Umstand, dass mein Vater zwar regelmäßig in mein Leben trat, aber dank der Non-Kontinuität nie dauerhaft den Status eines familiären Kumpels übertraf, bekam der zwei Jahre ältere Joshi diese Rolle teilweise von mir zugeschrieben. Meine Mutter verdiente gerade genug, um sich und mich zu versorgen, doch ich bekam davon nichts mit. Ich ging regelmäßig morgens beim türkischen Bäcker drei Häuser weiter Brötchen holen, wo ich mir häufig noch eines der süß duftenden Plätzchen aus der Theke aussuchen durfte und geschenkt bekam.

Etwa fünf Tage die Woche verbrachten Joshi und ich im Schnitt von morgens bis abends miteinander. Selbst an Weihnachten und meinem gleich darauffolgendem Geburtstag, wo sich immer ein Großteil meiner Familie bei uns sammelte, war er meist zugegen.

Zu der Zeit für mich noch ein fabelhaftes Fest. Wobei, mit vier Jahren hatte ich durch ein Schlüsselloch unserer Wohnung geschaut und sah, wie mein Cousin und meine Mutter Weihnachtsgeschenke einpackten. Ich war stinksauer und zutiefst empört und warf den älteren vor, uns, die Kinder, listig zu belügen. Von dem Moment an wuchs meine Skepsis gegenüber den Aussagen von Menschen in kurzer Zeit immens an. Weihnachten schaffte es nicht mehr, mich in seinen Bann zu ziehen. Man wunderte sich dennoch darüber, dass ich dem verkleideten Mann in unserem Wohnzimmer seinen weißen Bart aus dem Gesicht zog, um ganz sicher zu gehen und ihn zu entblößen.

Ich kann mich nicht mehr gut an Joshis Verhalten an jenen Tagen erinnern, doch im Nachhinein bin ich mir ziemlich sicher, dass er sich ähnlich unwohl fühlte wie ich. Immerhin war ich der Sohn der Organisatorin. Wobei meine Mutter immer sehr darauf bedacht war, ihn möglichst gleich zu behandeln. Eines Tages, als es auf meine Schulzeit zuging, entschied meine Mutter, mit mir in eine nahegelegene Kleinstadt und eine modernere Wohnung ohne Schimmel im Keller zu ziehen. Hier sollte ich in meiner weiteren Entwicklung einem weniger gefährlichen und verführerischen Umfeld ausgesetzt werden.

An einige der Weihnachtsfeste und Geburtstage, welche ich hier erlebte, kann ich mich noch sehr gut erinnern. Man könnte die Szenerie mit Filmsequenzen vergleichen, in denen Weihnachten als eine traumhafte, anmutige Zeit dargestellt wird. Zumal die Kulisse unseres Wohnzimmers ähnlich ausgeschmückt worden war. Doch spätestens von dem Weihnachten meines siebten Geburtstags an überwog ein ungutes, erschöpfendes Gefühl die Freude über die Geschenke. Worauf man sich doch an diesen Tagen freuen sollte, nicht?

Ich, die Hauptattraktion, stand unaufhörlich im Mittelpunkt und musste auf die Handlungen der Menschen reagieren, mit denen ich anscheinend verwandt war. Es wurden Lieder für mich gesungen, es wurde weiter versucht, den falschen Geist der Weihnacht aufrechtzuerhalten. Doch am unangenehmsten war das Geschenke auspacken. Hätte man mich in einem Zimmer mit den Schachteln und Tüten allein gelassen, hätte ich es genießen können, aber so fand ich mich einer Situation ausgeliefert wieder, in der ich schon an der Entscheidung, welches der Geschenke ich zuerst auspacken sollte, verzweifelte – während mich 22 Augen anstarrten. Ich wollte ja niemanden enttäuschen.

In den Tagen vor dem Fest ging ich immer einige Male mit meiner Mutter durch, wie ich zu reagieren habe, sie versuchte es mir so einfach wie möglich darzustellen. Etwa mit dem Wort „höflich", doch in meinem Kopf tummelten sich haufenweise Faktoren, die ich eigentlich bei der Entscheidung für eine Reaktion hätte mit einbeziehen müssen. Ich konnte schließlich auch nicht jedem die gleiche Dankbarkeit ausdrücken und so wirken wie ein Roboter.

Mit diesem Waschgang im Kopf führte ich also Jahr für Jahr ein Theaterstück der Dankbarkeit auf. Welches darin mündete, dass ich kurz darauf, trotz der Geschenke, die ja nun ausgepackt auf mich warteten, erschöpft in mein Hochbett kletterte und einschlief.

Die Geschenke, die ich erhielt, waren oft tatsächlich toll, doch hatte ich immer das Gefühl, die besser Betuchten meiner Familie wollten mit den anderen in Wettbewerb treten, und im Endeffekt rührte ich von den 15 Dingen nur 3 oftmals an.

Worüber ich im Nachhinein froh bin, ich bekam nach Playmobil und Lego immerhin statt Legotechnics ein Kristallzüchtset. Beinahe so gut wie eine Flusskrebsfarm. Wusstet ihr, dass diese immer noch eingesetzt werden, um die Qualität unseres Leitungswassers zu prüfen?

Um jedoch möglichst fehlerfrei zu arbeiten, werden sie ähnlich wie wir, in Edelstahlbatterien im Boden versenkt.

Es kommt in meinem Leben äußerst selten vor, dass ich von niederreißenden Emotionen überwältigt bin. Grundlegend eine gute Grundlage. Denn wahre, rohe Information ist oft sehr ungemütlich und wir haben, durch die Verschleierung der sozialen Gefüge, in denen wir uns bewegen, das Hantieren mit ihr verlernt.

Als ich 11 Jahre alt war, traf meine Mutter auf einer Party von Bekannten zum Glück einen Mann wieder, mit welchem sie 20 Jahre zuvor gut befreundet war. Sie tanzten miteinander und trafen sich eine Weile regelmäßig, bis meine Mutter mich fragte, ob wir nicht zu ihm ziehen wollten. Er wohnte in einem Haus, in der Stadt, in der ich geboren worden war.

Ich war begeistert, endlich konnten wir Rentner-City wieder verlassen und ich mich ins Abenteuer Großstadt stürzen. In den ersten Jahren, die wir hier wohnten, hatte ich – durch das Verhalten meiner Stiefgeschwister – verstärkt das Gefühl in einer Realityshow der Hauptdarsteller zu sein.

Es schien, als würden die Personen in meiner Umgebung mich mit nahezu jeder Äußerung auf die Probe stellen. Dies ging so weit, dass ich nach einem ereignisreichen Tag teilweise in der Küche stand, die mir widerfahrenen Geschehnisse reflektierte und aus der Überzeugung, welche sich daraus ergab laut zu rufen anfing: „Ich weiß, dass ihr da seid! Zeigt euch, zeigt euch!" und alles nach Kameras absuchte. Als ich etwa zwölf war, stellte mich Joshi, mit dem ich nun eine platonischere Beziehung pflegte, zum Glück einigen seiner Freunde vor. Ich, der Jüngste der daraus entstehenden Gruppe, freute mich tierisch, zu den Großen zu gehören. Obwohl mich das Leben eines Kindes nun schon eine ganze Weile langweilte, hatte ich von uns doch am meisten Schiss bei allem, was wir so anstellten. Als ich dreizehn war, offenbarte mir Joshi, dass er schon eine Weile hin und wieder rauche. Prompt war ich dabei, ein weiterer Schritt ins Erwachsenenleben. Kurz darauf fingen wir an zu trinken, und als uns auf einem Spielplatz jemand nach einem Tipp fragte, um sich einen Joint zu drehen – ich musste mir erst erklären lassen, was er vorhatte – kauften wir drei Gramm bei ihm. Wir waren schon ziemlich betrunken und drehten, was wir hatten in zwei Tüten. Und obwohl ich mich an diesem Abend noch fünf Mal übergab, war mir gleich klar, dass mir dieser Rausch von allem, was ich kannte, am besten gefällt. Bald ließ ich mich von Joshi zu einem Dealer bringen und sagte ihm, ich sei 17 Jahre alt. Nach meinem vierten Kauf, so glaube ich, begann ich mehr zu kaufen, als ich selber brauchte, da ich so Rabatt erhielt, und was ich über hatte, an andere zu verticken. Es fühlte sich krass an, im Umfeld meiner Schule, älteren Kids etwas verkaufen zu können, woran sie nicht kamen.

Meinen Freunden und mir war immer klar gewesen, dass die Welt, in der wir lebten, auf verquere Art und Weise kaputt war und uns nicht verstand. An uns wurden allerlei Ansprüche gestellt, hinter denen wir keinen Sinn ausmachen konnten. Mit der Frustration im Magen, welcher wir noch keinen Namen geben konnten, verursachten wir, wann immer wir unterwegs waren, Sachschäden und waren so laut wie möglich. Wir waren kleine Rebellen und schon damals politisch aktiv. Gingen auf Demonstrationen gegen Rechtsextremismus und auf Festivals.

Mit fünfzehn, frustriert durch die Welt, in welcher ich lebte, war ich mir nicht mehr sicher, ob ich überhaupt empfinden könnte, wenn ich es auch wollte. Ich sah die Emotionen anderer als deren Hindernisse, nannte sie ein veraltetes Konzept, ein evolutionäres Überbleibsel der prähistorischen Zeit. Mit meinem Selbst war ich relativ zufrieden, ich war sogar stolz, doch glücklich war ich nicht. Die Menschheit sah ich als aus perfiden Parasiten und jämmerlichen Vollidioten bestehend an. Und auch wenn ich nach meiner Schulzeit endlich arbeiten gehen wollte, so wollte ich dies nur, um mir so Unabhängigkeit leisten zu können.
Die Vorstellung, ein Leben lang einen normalen Beruf auszuüben, war absolut absurd. Mir war immer klar, ich würde später mal einer bedeutsameren Arbeit nachgehen. Vielleicht als Serienkiller?
Nein. Natürlich keiner, der es rein des Geldes wegen macht, ohne Kodex. Dem es egal wäre, wer seine Auftraggeber und wer seine Ziele sind. Nein. Wenn schon, dann jemand, der ausschließlich Menschen umbringt, die der Welt enormen Schaden zufügen. Ein Held eben, ähnlich wie Batman. Nur mit Tötungsabsicht.

Ich bin sicher, wäre seine Story nicht dafür vorgesehen gewesen, ein sehr breites Publikum zu erreichen, hätte Batman einsehen müssen, wie sinnfrei der Versuch ist, verkommenen Menschen durch Prügel eine Lektion zu erteilen. Der Joker ist der Realität da schon näher.

Damals dachte ich noch nicht über ein Leben außerhalb des Systems nach, und so würde ich immerhin Gutes tun und von dem reichlichen Adrenalin meines Alltags auf Trab gehalten. Wenig später erkannte ich natürlich wie bescheuert diese Idee gewesen war, aber einer gewöhnlichen Arbeit dauerhaft nachzugehen, kam immer noch nicht infrage.
Ich überlegte, welcher Beruf mir persönlich etwas zu bringen vermochte, und entschied mich für den Metallbau, da ich dort handwerkliches Geschick fördern und mich bewegen konnte. Zudem war mir Metall als äußerst vielfältiger Werkstoff bekannt. Man könnte nach der Ausbildung zum Beispiel abstrakte Skulpturen aus Schrott fertigen und verkaufen.

Damals ahnte ich noch nicht, dass dieses Berufsbild ein Sammelbecken für patriotische, unzufriedene, stolze, männliche Männer war, mit denen umzugehen, mir schwerfallen würde. Doch einmal die Lehre begonnen, wollte ich sie auch beenden. Zumal ich nicht davon ausging, dass ein Betriebswechsel viel geändert hätte. Ich war zwar durchweg ein Liebling meiner Klassenlehrerinnen gewesen, da diese genug Zeit hatten, zu bemerken, dass ich im Endeffekt eher für Ruhe in der Klasse, als für Aufruhr sorgte. Doch dies tat ich, da ich mich an ungerechtem Benehmen störte. Mich störte nicht immer, wenn Leute laut waren. Mich störte, wenn Schwachköpfe andere aus niederen Beweggründen fertigmachten und war stets bemüht, dies zu unterbinden. Ich hatte zwar immer etwas Angst im Umgang mit Idioten, doch war meine Abneigung ihrem Wesen gegenüber meist größer. Zudem kam ich als einziger der Klassen, die ich besuchte aus der Großstadt um die Ecke und war nun mal in den höheren Stufen als Grasticker bekannt, was mich wohl mehr oder weniger als unantastbar dastehen ließ. Zumindest in meiner Klasse, unter den Dorfkids.

Nun, aber in der Ausbildung angelangt, sah ich mich einem Choleriker von Meister und seinen Knechten gegenüberstehen. Schwierig!
Exakt 7 Tage nach Beendigung meiner sechswöchigen Probezeit bekam ich meine erste Abmahnung mit Nachdruck überreicht. Ich hatte auf eine, sicherlich mit Absicht, unverständliche Arbeitsanweisung des Meisters mit den Worten: „Sind sie eigentlich behindert", reagiert. Diesem fiel schlagartig alles aus dem Gesicht, seine Mimik änderte sich, und bevor er die ersten Worte ausspucken konnte, war sein Kopf bereits rot angelaufen. So etwas hatte er wohl noch nicht erlebt. Nun gut, etwas stolz war ich schon. Aber was sollten das bitte für dreieinhalb Jahre werden?

Das anstrengende Ping-Pong-Spiel mit dem Meister lief die gesamte Zeit über weiter. Dieser, welcher wohl nichts in seinem Leben erreicht hatte, außer in einer unglücklichen Ehe eine vermutlich noch unglücklichere Tochter zu zeugen und eben diesem Beruf nachzugehen, wurde zu dem von mir am meisten gehassten Menschen. Sprach er doch als verheirateter Mann mit Tochter davon, Frauen seien zu absolut nichts zu gebrauchen, hätten sie nicht diesen praktischen Schlitz zwischen den Beinen.
Dennoch sollte es die Hälfte meiner Ausbildungszeit dauern, bis ich erkannte, dass er nur ein Symptom und nicht das Problem selbst ist.
Die ersten zwei Jahre ersetzte er meinen Namen im Gespräch mit anderen Arbeitern durch: „Das Arschloch" und bekam dank mir etwa sechs Anfälle pro Jahr, bei denen ich mir hin und wieder sicher war, er sei kurz davor, mich zu schlagen. Doch ich brauchte von Tag X an gar nichts mehr für mein Glück tun. Es reichte ihm, mich dabei zu erwischen, wie ich beim Aufkehren von Metallstaub in einer riesigen Halle, den durch die allesamt verbogenen Kehrbleche anfallenden, nicht

aufkehrbaren Rest mit dem Handfeger in Luft auflöste, um mir in einem Wutanfall mitzuteilen, ich sei das kleinste Lämpchen dieser Firma und könne nicht einmal das.

Womit er sicherlich den privaten Frust der letzten zwei Tage aus sich herausposaunte. Wobei sich sein Leben, wie bei so vielen, vor allem um den Beruf drehte, und es so privat also nicht sein konnte.

Seine Ausraster waren so laut, dass die Arbeiter in der nebenliegenden Halle, welche Luftlinie 60 Meter entfernt lag, aufhörten, riesige Bleche mit Winkelschleifern zu bearbeiten, weil sie verstehen wollten, was er nun wieder hatte.

Im Magazin der Firma wurde durchweg eine Aushilfe für den oft maßlos überforderten Elektriker benötigt. Dieser, eigentlich sensible Mensch, litt arg unter der Führung der Firma. Er war seit bald 30 Jahren hier angestellt, hatte viele Maschinen selbst verkabelt und entwickelt, wurde aber auch für alles andere eingesetzt. Dieter war technikbegeistert, baute auch zu Hause an Automodellen, war aber ein menschliches Wrack. Seit 20 Jahren hatte er Durchfall, trank seit derselben Zeit aber auch ausschließlich Remake-Cola. Doch als ich ihn fragte, ob er diese Verbindung auch sehe, teilte er mir mit, sein Arzt hätte ihm gesagt, das würde es nicht sein.

Er lachte über jeden sexistischen, rassistischen Witz des Meisters, hasste ihn aber wohl ähnlich doll wie ich. Nur bei ihm verhinderte vermutlich das nervöse Durcheinanderschießen seiner Gedanken, dass er dieses Problem als ernst ansah. Doch ich verbrachte in meiner Ausbildung mehr Zeit mit ihm, als mit irgendwem sonst und gewann ihn lieb. Er baute zumindest keinen Schutzwall aus Stolz um sich, sodass er meine scheinbar besondere Denkweise erkennen und schätzen, wenn auch nicht übernehmen konnte.

Einmal sprachen wir über die mangelnde Intelligenz des Meisters. Dieser hielt sich nämlich grundsätzlich für überlegen. Da erzählte Dieter von einem Gespräch mit seiner Mutter. Sie hatte ihm gesagt, es sei doch absolut natürlich, dass sich jeder für den Klügsten hält. Denn die Intelligenz einer Person sei quasi sein Blickfeld. Betrachte man einen anderen, könne die Absicht hinter dem Handeln das eigene Blickfeld natürlich nicht überschreiten. Über diese Annahme dachte ich lange nach. Doch mit anderen Worten kann man sie so formulieren: Die eigene Intelligenz ist das Spektrum, in das wir versuchen, die von uns gefolgerten Überlegungen der anderen einzuordnen. Doch wie in der Astronomie, ist es uns unter Zuhilfenahme von Instrumenten möglich, das für uns sichtbare Spektrum zu erweitern. In der Astronomie beispielsweise durch Radioteleskope, für uns selbst reichen hier empirisch angelegte Tests.

Wie in der Astronomie die Atmosphäre unserer Erde, verunreinigen bei uns der Stolz und weitere Eigenschaften des Selbsterhaltungstriebes das Ergebnis ohnehin. Damit wir also ein korrektes Ergebnis erhalten, können wir, statt unsere Teleskope ins All zu schießen, unsere Tests so objektiv wie möglich durchführen. Und schon ist es uns theoretisch möglich auch höhere Intelligenz anzuerkennen. Sofern der wissenschaftliche Wille eben nur größer ist, als die durch das Ego hervorgerufenen Verunreinigungen.

Außer ihm gab es da immerhin noch die polnischen Leiharbeiter, welche sich in kurzer Zeit zu meinen Verbündeten und besten Kollegen entwickelt hatten. Mit ihnen konnte ich mich prima über den Gehorsam der Deutschen lustig machen.

Am Ende verblieb ich zumindest mit einer bestandenen Berufsausbildung und drei eingerahmten Abmahnungen. Einer Mutter die froh war, dass ich dem Troll keine Eisenstange übergezogen hatte und der Aussage des Chefs, ich könne jederzeit wiederkommen und es sei ein Verlust, dass ich nun gehe. Denn so sehr mir mein Umfeld auch zu schaffen machte, hatte ich keine Lust herumzustehen. Ich legte mich oft derart ins Zeug, dass ich meinen Arbeitstag als Workout betrachten konnte.

Als ich mit 17 endlich ausziehen konnte und mein eigenes Leben Gestalt annehmen durfte, richtete ich meine gesamte Wohnung und den dazugehörigen Dachboden darauf aus, mir Realitätseinblicke zu gewähren und mir diese in all ihren Abstraktionen vor Augen zu führen.

Ich tue etwas endliches

endlich bekämpf ich dich

Ich tue etwas nur für mich

und die Absicht ist absehbar

In meinem Schlafzimmer hing ich zwei Luftgewehre und eine Machete auf, welche wir mit einem roten Marker so aussehen ließen, als wenn von ihr Blut die Wand runter lief und das Wort: „Naziblut", bildete. Eine Axt und einen Nothammer aus einem Flixbus hing ich dazu. Trotz der potenziell gefährlichen Gegenstände drückte alles mehr Witz und Freude aus und keinerlei Aggression. Denn neben ihnen hingen auch eine Katze und ein Hund in bunter, verzerrter Form an den Wänden. Und mit Edding schrieb ich: „Purpurpudelpoolnudel", an eine Wand und: „searching for new what if's", über die Tür zu meinem Wohnzimmer. Um mir diese Überschrift über jeden Tag zu stellen. Außerdem hingen hinter der Tür noch Hammer und Sichel, da mir der kommunistische Ansatz doch deutlich besser gefiel als der kapitalistische Gedanke, wenn er es auch nie vollkommen in die Praxis schaffte.

Ich hatte meinen Fernseher zur Vermeidung von manipulatorischen Einflüssen meinem Vater geschenkt und durch einen Plattenspieler ersetzt. Über ihm und meiner Stereoanlage hing ich im Wohnzimmer ein zwei mal eineinhalb Meter großes Wandtuch auf, welches abgefahrene Muster und Figuren in kräftigen Farben abbildete. Über meiner Couch hing ein Tuch, auf dem ein langhaariger Dude eine qualmende Glaspfeife hielt, über dem sich eine Abstrakte, kristallene, bunte Kuppel auftat.

Mein Vermieter war ein Aktivist, Hippie und Freund meiner Eltern, weswegen er mir beliebigen Umgang mit dem Dachboden gestattete. Unten in das Ladenlokal im Haus holten meine Freunde und ich Freunde, die dort ein anarchistisches Zentrum gründeten. Ich ließ ihnen den Dachboden immer offen, um dort Plena abzuhalten, und wir sprühten alle Wände mit Tags und Formulierungen zu.

Ich sammelte Erfahrungen, die in Worte zu fassen ich gar nicht erst versuche. Die mir Zuversicht und Neugier bescherten und die Angst weitestgehend aus meinem Leben verbannten.

Zu Beginn hatte in dieser Wohnung noch jedes Glas seinen festen Platz, später legte ich sogar den am Fußende meines Bettes befindlichen Teppich absichtlich schief hin. Ich wollte mich der Ordnung nicht mehr unterwerfen.

Meine Nachbarn waren syrische Flüchtlinge. Ich half ihnen beim Einrichten ihrer Verträge, und wir wurden gute Freunde. Ich hörte gerne sehr laut Musik, auch nachts. Auf meine Frage hin, ob es sie störe, entgegneten sie, bei ihnen zu Hause fallen Bomben, so wüssten sie doch, dass es mir gut gehe. Und sie stellten ihre Gläser weit genug auseinander, dass diese nicht mehr aneinander klirrten.

Sometimes I fear
useless action
minding on
we´re falling down

Sometimes I gain
a useless question
from a being
that I know

Sometimes I bear
some protection
even if
there is a needle
for any strain
in any vein

Als ich einmal einen wundervollen Trip mit meinem Freund Zering erlebte, notierte ich die Worte: „Siedler am Zeitstreif". Hierin wollte ich nicht nur unsere Rolle in der Welt ausdrücken. Ich wollte auch meinem Gefühl der Zeit gegenüber, welches mich seit jeher begleitet, Raum geben.

Besonders bei manchen Gesprächen, die ich führe, sind mir die daraus hervorgehenden Folgen präsenter als der jeweilige aktuelle Moment und ich fühle mich, als wäre ich aus der Zeit gefallen. Ein Zustand, den ich mit der Zeit zutiefst liebgewonnen habe.

Denn solang ich denken kann, fasziniert mich die Tatsache, dass die Informationen, die wir suchen, die zu erreichen wir versuchen, bereits vorhanden, jedoch von unserem Standpunkt aus nicht zu erreichen sind.

Es ist wie das Stehen an einer Ecke, hinter welcher man eine Gefahr bereits spüren kann. Man hat keine klaren Anhaltspunkte, die besagte Annahme stützen könnten, und doch ist etwas vernehmbar, das in direktem Zusammenhang mit den Tatsachen zu stehen scheint.

Nun könnte man logisch argumentieren, man hätte auf dem Weg zur Ecke Hinweise gesammelt, die im Unterbewusstsein ein Bild entstehen ließen, welches nun die Warnung ins Bewusstsein sendet. Dies mag auch teilweise zutreffen, doch verbirgt sich im Unbewussten ein großer Teil unserer Sensitivität und unsere Fähigkeit, mit der Quelle in Kontakt zu treten. So ist mein Handeln von außen betrachtet oft nur mit wahnhaftem Optimismus zu erklären. Doch befinde ich mich an genau der Stelle, an der ich sein möchte.

Da wohl nicht diskutiert werden muss, dass unsere Realität aus vielen Ebenen oder Dimensionen besteht, wovon einige auf anderen basieren und die Gesamtheit natürlich zu groß ist, um von einem einzelnen Wesen verstanden zu werden,

ist es nur sinnvoll, unsere Sensitivität im Allgemeinen zu fördern.

Um 15.000 v. Chr., als die Fähigkeiten des Einzelnen weit über dem heutigen Maß lagen, war es absolut natürlich, sich an übernatürlichen, damit meine ich sich dem Spektrum unseres rationalen Verstandes entziehenden, Informationen zu bedienen. Ob diese nun als göttlich oder einfach hochkomplex interpretiert werden, unser Gefühl befähigt uns zu weitaus mehr als wir glauben.

Mit ihm sind wir in der Lage, auf Informationen zu reagieren, die zu integrieren auf unserer Ebene nicht möglich ist. Wir sind eben nicht das Ultimatum, im Grunde ist unser Verstand doch vor allem eins, so wundervoll er auch ist: beschränkt.

Einem Hund beispielsweise erscheint menschliches Verhalten meist willkürlich, doch er hat gelernt auf bestimmte Zeichen zu reagieren. Passen die Bedürfnisse und Gegebenheiten von Herrchen und Hund gut zusammen, reagieren beide flexibel aufeinander, und es entsteht ein harmonisches Konstrukt.

Auch wenn der Vergleich von unserer Situation mit der des Hundes ein wenig beleidigend wirkt, hinkt er doch recht wenig, und wir sollten in der Lage sein, Erkenntnisse hieraus zu adaptieren.

Wir haben es zwar nicht direkt mit einem Wesen zu tun, welches uns Informationen bereitstellt und schon gar nicht mit etwas Personifizierbarem, doch wie der Käpt'n schon ganz treffend formulierte: Da ist etwas.

Da Etwas Teil vieler Dimensionen, Teil unserer Ebene und Teil von uns ist, liebe ich es scheinbar, sinnfreie Handlungen auszuführen. Ohne ihren tatsächlichen Sinn zu ergründen und so als einen der doch Sinnhaften Bestandteile des verschachtelten, vorangegangenen Gedanken, meinen Anteil der höheren Ebene zu manifestieren.

Sinn ist etwas von Menschen Gegebenes und damit einer relativ niedrigen Realitätsebene entspringend.

Eine Frage, die man sich stellen sollte lautet:

HIGHWAY TO HELL

or footpath to ego death

Kann man sich von der Gier nach Wissen lösen und sich der Neugier an sich hingeben, bis man es schafft, die Gier generell abzulegen und mit den Gegebenheiten zufrieden zu sein, mit sich und seinem Umfeld zu verschmelzen.

Natürlich werden die meisten von uns, mich eingeschlossen, den Menschen, der wir sind, in diesem Leben nie dauerhaft hinter sich lassen. So ist es sinnvoll, auch seine niederen Bedürfnisse zu bedienen, ihn als Hausmenschen seines Geistes zu halten und zu verwöhnen. So bedienen wir eben auch seinen Wunsch nach Anerkennung, wenn wir an großen Projekten mitarbeiten und gemeinsam mit anderen Aufgeweckten etwas Förderliches auf die Beine stellen.
Und um passende Menschen zu finden, sollten wir nach unserer eigenen Bewusstwerdung vielleicht anfangen, anderen Menschen ebenjene Fragen zu stellen, die wir dank der Annahme wir würden einander nichts weiter angehen – könnten getrennt voneinander existieren – bisher nicht stellten. Die einzig möglichen Folgen sind: Ablehnung von festgefahrenen oder Gelangen zu neuer Weisheit mit eventuell zukünftig Verbündeten.

Es fliegt ein Wesen
ohne Last und ohne zu fallen

Ein Wesen
das nicht glaubte fliegen zu können
Hoch oben fühlt es den Wind
um seine Gliedmaßen streichen

Es empfindet keine Angst
und öffnet die Augen

Es ist
es war
und es wird immer
frei sein

Ich weiß nicht, was ich bin, ich weiß nicht, was ihr seid.
Und ich denke, gerade deshalb sollten wir uns begegnen.

Zeitfracht Medien GmbH
Ferdinand-Jühlke-Straße 7
99095 Erfurt, Deutschland
produktsicherheit@kolibri360.de